Tanja Salmen-Fuchs

Management von Softwarelizenzen

Tanja Salmen-Fuchs

Management von Softwarelizenzen

GRIN Verlag

Bibliografische Information der Deutschen Nationalbibliothek: Die Deutsche Bibliothek
verzeichnet diese Publikation in der Deutschen Nationalbibliografie; detaillierte bibliografische Daten sind im Internet über http://dnb.d-nb.de/ abrufbar.

1. Auflage 2003
Copyright © 2003 GRIN Verlag
http://www.grin.com/
Druck und Bindung: Books on Demand GmbH, Norderstedt Germany
ISBN 978-3-638-67612-0

Management von Softwarelizenzen

von

Tanja Salmen-Fuchs

Seminararbeit über das Thema:

Management von Softwarelizenzen

vorgelegt von Tanja Salmen-Fuchs

Wirtschaftsinformatik Seminar

Widmung

Ich bedanke mich ganz herzlich bei der Frau Marina Schröder, die Außendienstmitarbeiterin von Aspera OHG Aachen, für Ihre Mitwirkung und Unterstützung bei der Erstellung dieser Arbeit.

Weiterhin widme ich diese Arbeit meinen Freundinnen aus dem Studium und Allen, die mich kennen- und schätzen gelernt haben.

Endlich ist ein praktischer Beruf für Menschen meiner Art überhaupt ein Segen. Denn die akademische Laufbahn versetzt einen jungen Menschen in eine Art Zwangslage, wissenschaftliche Schriften in einer impressiven Menge zu produzieren - eine Verführung zur Oberflächlichkeit, der nur starke Charaktere zu widerstehen vermögen. Die meisten praktischen Berufe sind ferner von solcher Art, dass ein Mensch von normaler Begabung das zu leisten vermag, was von ihm erwartet wird. Er ist in seiner bürgerlichen Existenz nicht von besonderen Erleuchtungen abhängig. Hat er tiefere wissenschaftliche Interessen, so mag er sich neben seiner Pflichtarbeit in seine Lieblingsprobleme versenken. Die Furcht, dass seine Bemühungen ohne Ergebnis bleiben, braucht ihn nicht zu bedrücken.

Albert Einstein

Inhaltsverzeichnis

1 Herausforderung oder warum Softwarelizenz-Management?............... 4

2 Definition Softwarelizenz-Management............................. 5

3 Perspektiven des Softwarelizenz-Managements......................... 6

4 Rechtliche Einführung 7

    4.1 Was sind Softwarelizenzen?...................................... 7

    4.2 Lizenzverträge... 7

    4.3 Urheberrecht... 9

    4.4 Beitrag der Lizenzierung zum Urheberrecht.............. 10

    4.5 Das Problem des Softwarepiraterie und rechtliche Konsequenzen 11

5 Nutzen von Software... 14

    5.1 Modelle von Softwarelizenzen.................................. 14

    5.2 Lizenzmodelle 16

    5.3 Lizenzmodelle von Microsoft.................................... 19

6 Wie führt man ein effektives Software-Lizenzmanagement ein?........ 21

    6.1 KPMG: Vier Säulen des Lizenz-Managements.......................... 21

7 Asset -Management-Software: per Program oder per pedes?............. 24

    7.1 Funktionsweise eines Asset Centers (Lizenzmanagement-Verwalters).. 27

    7.2 Softwarelizenzierung im Netz am Beispiel der Desktop-Management Tools 28

8 Softwarelizenz- Management Controlling.. 30

9 Schlusswort.. 34

Quellenverzeichnis... 35

Abbildungsverzeichnis.. 36

Tabellenverzeichnis.. 36

Abkürzungsverzeichnis 37

Inhaltsverzeichnis

1   Herausforderung oder warum Softwarelizenz-Management?

Während der Endbenutzer bei seinem Einzelarbeitsplatz die Lizenzsituation noch im Kopf haben kann, wird es heutzutage für den IT- Verantwortlichen eines großen Betriebes, eines Rechenzentrums oder einer Hochschule immer schwieriger, den Überblick darüber zu behalten.

Während die Hardware kontinuierlich inventarisiert wird, so wie es bilanzpolitisch vorgeschrieben ist, wissen die Verantwortlichen oft nicht genau, wie die derzeitige Lizenzsituation in der eigenen Firma aussieht. Der Abgleich zwischen installierten Programmen und gekauften Lizenzen wird immer schwieriger. Dies kann dazu führen, dass die Bestände an Software unkontrolliert wuchern. Ein Teil des Problems liegt wohl in der Natur der Software: man kann sie nicht anfassen, sie ist ein virtuelles Produkt.

Gleichzeitig werden Prozesse in Unternehmen und Organisationen immer öfter softwaregestützt umgesetzt. Hierfür werden immer häufiger neue Softwareprogramme oder neue Softwareupdates und – versionen eingesetzt. Und nicht jeder kommt mit der oft komplexen und unüberschaubaren Lizenzpolitik der Softwarehersteller zurecht. Dies macht eine exakte Planung, Organisation und Kontrolle des Softwareeinsatzes sowie eine effiziente Verwaltung der Softwarelizenzen sehr wichtig. Denn unkontrollierter Einsatz von Software kann für das Unternehmen erhebliche Risiken bergen, wie Unter- oder Überlizenzierung, die zu erhöhten Kosten führen, oder auch rechtlichen Probleme hervorrufen können. Der Einsatz eines effektiven Lizenzmanagements hilft, diese Probleme zu lösen oder vollends zu vermeiden.

2   Definition Softwarelizenz-Management

Aspera OHG: „Discover the smart way to track your software assets"

Das Vorgehen der Softwarehersteller gegen Raubkopien hat in Unternehmen ein neues Arbeitsumfeld für die EDV-Verwalter und eine neue Dienstleistung hervorgebracht: Softwarelizenz-Management soll Anwendungen als betriebliche Ressource erfassen und den Unternehmen, die sie einsetzen, Rechtssicherheit verschaffen.

Definitorisch versteht man unter dem *Management von Softwarelizenzen*, die auf eine richtige Ermittlung des jeweiligen Bedarfs gerichtete Verwaltung der zu Grunde liegenden Lizenzen. Dies beinhaltet, dass ein Unternehmen oder eine Organisation jederzeit auf aktuelle Zahlen zum Software- und Hardwarebestand sowie zum Bestand an erworbenen Lizenznachweisen Zugriff hat.[1]

Einfach ausgedrückt: Lizenzmanagement sorgt dafür, dass die richtige Lizenz zu richtigen Zeit, am richtigen PC und zu einem günstigen Preis eingesetzt wird.

Das Softwarelizenz-Management ist eine intelligente und wirtschaftlich optimale Methode zur Verwaltung aller Softwarelizenzen. (Vgl. Aspera OHG)

Auf die Frage, wie kann *Lizenz--Management von Software-Asset-Management* abgegrenzt werden, lässt sich sagen, dass *der kaufmännische Begriff Lizenz-Management* die organisatorische Beschaffung, Nutzung und Verwaltung von lizenzpflichtiger Software meint, während das Software-Asset-Management für die *technische Überwachung bzw. Steuerung* der installierten Basis steht. Es liefert beispielsweise strategische Daten für Bereiche Service (Helpdesk), Controlling, Verwaltung von Produktbestandteilen.[2] Der Begriff *Asset* bedeutet „wirtschaftlicher Gut" bzw. „Vermögen". Im IT-Bereich ist unter „Asset" Hard- und Software zu verstehen.

Softwarelizenz - Management hat das Ziel, den Softwareeinsatz in technischer, wirtschaftlicher und in lizenzrechtlicher Hinsicht optimal zu steuern.

---

[1] Vgl. KPMG, Lizenzmanagement in deutschen Unternehmen, S.7,

[2] In Quelle: World Wide Web, „Lizenzmanagement", http//www.microsoft.com/germany/ms/lizenzmanagement

3   Perspektiven des Softwarelizenz-Managements

Lizenz-Management hat neben der rechtlichen, eine technische und eine kaufmännische Komponente.

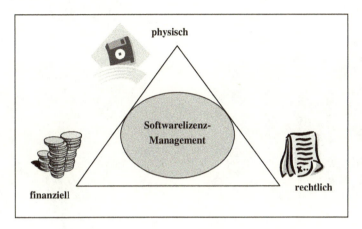

Abbildung 1:   Perspektiven des Softwarelizenz-Managements

Die rechtliche Perspektive umfasst das Urheberrecht und alles, was damit verbunden ist.

In kaufmännischem Sinne ist Lizenz-Management ein wichtiger preispolitischer Faktor sowohl für den Hersteller von Software als auch für Unternehmen. Mit einem guten Lizenz-Management ließe sich beispielsweise die Softwarebeschaffung im Sinne eines strategischen Einkaufs bündeln, um Preisnachlässe auszuhandeln oder erhebliche Ersparnisse erzielen, indem man Mehrfachlizenzierung vermeidet. Auf das Thema der Kosteneinsparungen gehe ich im nachfolgendem Kapitel ein.

In technischem Sinne handelt es sich beispielsweise um die Verwaltung von Lizenzen für Softwareprodukte durch spezielle Tools, durch das Internet oder auf zentralen Servern. In Netzwerken großer Unternehmen werden z.B. die Software-Lizenzen auf zentralen Servern verwaltet (Server Licenses) und korrespondieren mit den in den Produkten implementierten Client Licenses. Der Schnittstelle zwischen System-Administrator und Software-Nutzer kommt hier besondere Bedeutung zu.

4   Rechtliche Einführung

4.1   Was sind Softwarelizenzen?

Licentia, (lat.): Erlaubnis, Freiheit

Die Software-Lizenz ist eine vom Urheber oder Inhaber erteilte Erlaubnis, sein Recht, meist gegen eine Lizenzgebühr, ganz oder teilweise zu benutzen.

Lizenz ist also eine Erlaubnis. Man erwirbt mit einer Lizenz die Erlaubnis, Software zu nutzen. Auch wenn man ein Softwarepaket kauft, bleibt die Software im Besitz des Herstellers. Man erwirbt lediglich ein Nutzungsrecht. Und wie alle Erlaubnisse im täglichen Leben können Bedingungen damit verbunden sein. Die Dauer der Erlaubnis kann beispielsweise eingeschränkt sein. Oder es gibt unterschiedliche Stufen der Erlaubnis: Nicht alle dürfen alles. Wie in einem Computernetzwerk gibt es Administratoren, die alles dürfen, und Benutzer mit eingeschränkten Rechten.

4.2   Lizenzverträge

Software wird normalerweise nicht verkauft, sondern lizenziert. Der Erwerb einer Lizenz entspricht einem rechtsgültigen Vertrag zwischen Hersteller (Urheber) und Kunde. In Lizenzverträgen zwischen Hersteller und Unternehmen wird festgelegt, zu welchen Konditionen die Nutzung erfolgt. Es besteht weitgehende Vertragsfreiheit, d.h. es liegt im Ermessen der beiden Vertragspartner, was sie vereinbaren. Es kann also möglich sein, dass der Lizenznehmer nur das Recht zur Herstellung bekommt oder aber auch selber anbieten darf, um nur einige Beispiele zu nennen: die wichtigsten Benutzungsarten sind Herstellen, Vertreiben und Gebrauchen.

Man kann aber Lizenzen auch als das Versprechen des Lizenzgebers betrachten, den Lizenznehmer bei Einhaltung der Bedingung nicht zu verklagen. Mit Erhalt der Software, dem Öffnen der Packung, der Installation oder einfach dem Gebrauch erklärt der Lizenznehmer sein

Einverständnis mit den Bedingungen der Lizenzvereinbarung. [3] Meistens gilt für Hersteller schon das bloße Bezahlen als Vertragabschluss. Zwar zweifeln einige Rechtsexperten an der Rechtswirksamkeit solcher Vertragsabschlüsse, aber so ist die Praxis.

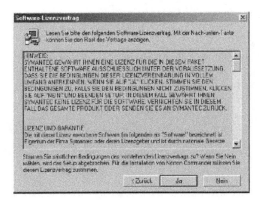

Abbildung 2: Beispiel eines Lizenzvertrages: Bei der Installation einer Software erscheint in der Regel auf einem der ersten Bildschirme ein langer Lizenztext.

Grundsätzlich gilt: pro Computer und installierter Softwarekopie bzw. pro Anwender eine Lizenz. Etwas anderes gilt nur, wenn der jeweilige Lizenzvertrag ausdrücklich die Nutzung auf einem Zweitgerät (z. B. Notebook) zulässt. Bei Netzwerk- oder Firmenlizenzen ist die Anzahl der zulässigen Kopien im Lizenzvertrag festgeschrieben.

Die Sachqualität von Computerprogrammen und damit auch die Systematische Einordnung in das Kaufrecht war in der rechtswissenschaftlichen Literatur lange Zeit umstritten. Nach jetziger Rechtslage ist der „Erwerb" von *Standardsoftware* über § 453 ff BGB ("sonstige Gegenstände") über die Vorschriften zum Sachkauf einbezogen. Zum Vertragsabschluss sind die Lizenzvereinbarungen notwendig. (Siehe Abbildung 3:   Lizenzvertragsarten)

---

[3] Vgl. Software-Lizenzen, in: Quelle World Wide Web, http://ig.cs.tu-berlin.de/w2000/ir1/referate17k-1b/swlicense.html

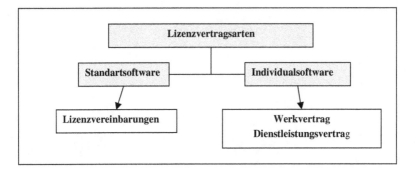

Abbildung 3:   Lizenzvertragsarten

Die Überlassung der Rechte für *Individualsoftware* erfolgt über *einen Werkvertrag* (§ 680 ff
BGB) bzw. *einen Dienstleistungsvertrag.* Werkverträge im Falle von Individualsoftware
werden beispielsweise zur Herstellung neuer Tools abgeschlossen, wenn der Kunde eine
„Software nach Maß" bestellt. Hier werden dann Ergebnis und Funktionen der Software genau definiert und in diesem Fall gehen später die Nutzungsrechte an den Kunden über.
Dienstleistungsverträge werden dagegen meistens nur auf Zeit (z. B im Fall der Vermietung
bzw. Leasing von Software) abgeschlossen

4.3   Urheberrecht

Software ist urheberrechtlich geschützt, sowohl durch das deutsche Urheberrechtsgesetz als
auch durch internationale Urheberrechtsbestimmungen und – Verträge.

Nach dem deutschen Urheberrecht gehören Computerprogramme zu den geschützten Werken
der Literatur, Wissenschaft und Kunst (§2UrhG).

Maßgeblich für den Rechtschutz von Computer-Programmen sind §§69 a-g UrhG. Zentrale
Rolle beim Schutz der Computerprogramme spielt dabei der Wortlaut des § 69 a Absatz 3
UrhG. Danach reicht es für einen Schutz aus, wenn das Programm ein individuelles Werk
darstellt, das auf einer eigenen geistigen Tätigkeit beruht:

§ 69 a Absatz 3 UrhG: „Computerprogramme werden geschützt, wenn sie individuelle Werke in dem Sinne darstellen, dass sie das Ergebnis der eigenen geistigen Schöpfung ihres Uhrhebers sind. Zur Bestimmung der Schutzfähigkeit sind keine anderen qualitativen oder ästhetische Gesichtspunkte, anzuwenden".

Der Inhaber des Urheberrechts ist zugleich auch der Schöpfer. Gegebenfalls stehen die Rechte mehreren Beteiligten als Miturheber zu. Das heißt derjenige, der die Software geschrieben hat, besitzt die alleinigen Urheberrechte. Dieses Urheberrecht wird weiter unterteilt. Es gibt ein Urheberpersönlichkeitsrecht und die so genannten Verwertungsrechte (Verwendungs- und Nutzungsrechte).

Zu den Urheberpersönlichkeitsrechten zählen, um es hier nur zu erwähnen, insbesondere *der Grundsatz der Unübertragbarkeit des Urheberrechts* (gem. §29UrhG: Software ist ebenfalls *geistiges Eigentum* des Urhebers, und, zumindest nach dem deutschen Urheberrecht, nicht übertragbar) und *Recht auf Integrität (Bearbeitung) des Werkes.*

Gemäß den Verwertungsrechten besitzt der Urheber die ausschließlichen Rechte, sein Werk zu vervielfältigen und zu verbreiten (§15 UrhG). So kann er seine Verwendungs- und Nutzungsrechte weiterverkaufen. Dritte dürfen dies nur unter ausdrückliche Genehmigung des Rechtsinhabers, also Softwareherstellers. Einzige Ausnahme bilden Handlungen, die zum „bestimmungsgemäßen Gebrauch des Programms erforderlich sind", beispielsweise die Erstellung einer Sicherheitskopie.

4.4 Beitrag der Lizenzierung zum Urheberrecht

Durch die Lizenzierung wird gewährleistet, dass die Rechte des Urhebers geschützt sind und die Nutzung der Computerprogramme geregelt wird.

Ein Verkauf der Software und damit aller Rechte ohne Lizenz würde bedeuten, dass wenn sie erst einmal verkauft ist, bzw. den Besitzer gewechselt hat, dieser damit beliebig verfahren könnte. Ohne nennenswerte Kosten und ohne Qualitätsverlust könnten Kopien hergestellt und weiterverbreitet werden. Bei einer Lizenz verbleibt das ausschließliche Nutzungsrecht beim Urheber, das sog. einfache Nutzungsrecht erhält der Benutzer. Der Benutzer ist also in der

Nutzung der Software eingeschränkt. Die Lizenz kann auch wieder entzogen werden oder von selbst erlöschen.

Lizenzen legen auf vielfältige Weise die Rechte und Pflichten des Lizenznehmers fest. Lizenzbedingungen von Software berühren im Allgemeinen folgende Aspekte:

* Nutzung (sowohl die Art und Weise, z. B. kommerziell oder privat, als auch wer, wozu und wie lange die Software benutzen darf)
* Weitergabe (Bei kommerzieller Software ist eine Weitergabe meist verboten, bei Open Source Software[4] ist sie mit der Auflage verbunden, den Quellcode zu veröffentlichen)
* Vervielfältigung (Begriff z. B. Sicherheitskopien und Mehrfachinstallationen)
* Reverse Engineering (Prüfung auf Software-Identität und Analyse der Komponenten)
* Verkauf (z. B. Vertrieb von OEM-Versionen[5])
* Haftung
* Gesetzliche Einschränkungen (z. B. Kryptographie- oder Exportbeschränkungen)

4.5 Das Problem des Softwarepiraterie und rechtliche Konsequenzen

Trotz aller Bemühungen die Rechte der Programmierer zu schützen, ist die Software-Piraterie momentan das größte Problem überhaupt, das spätestens seit dem Einzug von Software in den Massenmarkt entstanden ist.

Unter einer **Raubkopie** versteht man jede Art der illegalen Vervielfältigung urheberrechtlich geschützter Software. Hierbei kann es sich um die Identfälschungen handeln, bei denen Handbücher, Datenträger, Anschriften, Lizenzverträge und Sogar Echtheitszertifikate gefälscht werden. Aber auch die bloße Vervielfältigung von Datenträgern (CD oder Diskette) oder sonstigen geschützten Bestandteilen eines Originalpaketes ist denkbar – und illegal. (Vgl.: http://www.hostgroup.com/newsletter_2_2002.pdf)

---

[4] Anmerkung: Im Februar 1998 gab es eine Abstimmung, den begriff „Free Software" durch „Open Source Software" zu ersetzen. Beide Begriffe meinen das Gleiche, da „offen" sich auf die Verfügbarkeit der Quellcodes bezieht.

[5] Gemeint sind OEM-Lizenzen, sog. „Original Equipment Manufacturer" sind meistens nur in Verbindung mit Hardware gültig (auch „bundle" genannt), die normalerweise nicht „updatefähig" sind.

Es gibt zahlreiche Wege, auf denen illegal kopierte Software auf den Computer bei privaten Nutzern und in Unternehmen gelangen kann. Die Ursachen sind vielschichtig: Anwendungen, Bildschirmschoner oder Spiele werden von Mitarbeitern mitgebracht und an Kollegen weitergeben. Ein neuer Mitarbeiter kommt, für den ein neuer PC im Netzwerk installiert wird. Besitzt das Unternehmen keine Lizenzen dafür, ist das Softwarepiraterie und verstößt gegen das Urhebergesetz.

Besonders populäre Softwareprogramme werden außerdem gerne gefälscht. In diesem Segment machten sich in den letzten Jahren hauptsächlich Anbieter aus Fernost einen Namen. Gerade aus Asien und Osteuropa werden immer wieder Fälschungen importiert.

„In deutschen Firmen wird über ein Viertel der Software illegal eingesetzt, ob bewusst oder unbewusst" - meint der Interessenverband der Softwarehersteller *Business Software Alliance* (BSA), das sich mit den Problemen der Softwarepiraterie auseinandersetzt und seit geraumer Zeit Raubkopien den Kampf angesagt hat. [6]

Abbildung 4:   BSA –Kompanie gegen Raubkopien[7]

---

[6] Die Business Software Alliance (BSA) besteht seit 1988 als Interessenverband der Softwarehersteller. Sie kümmert sich um Lizenzmissbrauch in Unternehmen und setzt sich für international einheitliche uhrheberrechtliche Regelungen ein.

[7] Quelle: Anno Cantieni, Software Lizenzierung, Seminararbeit, geschrieben an der Hochschule Rapperswil, 2000, S. 6

So fühlt sich beispielsweise Microsoft als Softwarehersteller immer mehr durch Piraterie bedroht und verschärft ständig seine Lizenzbedingungen. Seit etwa Ende 2001 gibt es bei Microsoft massive Änderungen in der Lizenzpolitik.

Jeder, der Software über die Lizenzbestimmungen hinaus kopiert oder raubkopierte Software einsetzt, verhält sich illegal und riskiert Verfolgung durch die Behörden – ob Fälscher, Händler oder Anwender, ob privat oder im Unternehmen.

Vielen Firmenchefs ist unklar, welche Risiken sie eingehen, wenn sie in ihrer Firma Softwarepiraterie dulden oder sogar fördern. Ob fahrlässig oder vorsätzlich, das *Organisationsverschulden* trifft immer die Firma und damit auch das Management. Denn bei illegalem Einsatz von Software haftet grundsätzlich das Unternehmen selbst. Und im Rahmen der so genannten *Organhaftung* haftet das Unternehmen für seine Organe, d. h. seine gesetzlichen Vertreter, z. B. Geschäftsführer, Vorstand etc.

Fahrlässig handelt beispielsweise ein Geschäftsführer, der seinen Mitarbeitern keine geeigneten Anweisungen gibt, um die Einhaltung der Lizenzbestimmungen sicherzustellen oder zu kontrollieren. Weiß der Geschäftsführer von Urheberrechtsverletzungen und sieht tatenlos zu, verstößt er sogar in strafbarer Weise gegen das Gesetz.

Darüber hinaus kann selbstverständlich jeder einzelne Mitarbeiter zur Verantwortung gezogen werden, der selbst Urheberrechtsverletzungen begeht oder an solchen beteiligt, also z.B. eine Raubkopie auf einen Rechner aufspielt oder eigene Software für derartige Zwecke zur Verfügung stellt.

Auf der Grundlage von § 809 BGB können Softwarehersteller bei Gericht die Durchsuchung von Computern in Geschäftsräumen beantragen, wenn ein hinreichender Verdacht besteht, dass dort illegale Software eingesetzt wird. Ordnet das Gericht diese zivile Durchsuchung an, findet sie ohne Vorankündigung statt. Dabei überprüfen Gerichtsvollzieher und DV-Sachverständiger sämtliche Hard- und Software und vergleichen sie mit den vorhandenen Lizenznachweisen. Wird dabei illegale Software entdeckt, drohen dem Unternehmen erhebliche rechtliche und wirtschaftliche Konsequenzen.[8]

---

[8] Vgl. BSA: Was Sie über legale Software wissen sollten, S. 7, in Quelle: World Wide Web, http://www.bsa.de

Mit dem Einsatz illegaler Software sind hohe Schadenersatzforderungen der Hersteller sowie Anwaltskosten verbunden. In gravierenden Fällen drohen bis zu fünf Jahren Gefängnis. Außerdem muss die eingesetzte Software natürlich nachlizenziert werden. Also ist illegale Software letztlich teurer als legale. Es besteht jedoch die Möglichkeit, dass ein Unternehmen, dass illegal Software einsetzt oder zu wenige Lizenzen besitzt, sich bei dem Hersteller aus eigenem Antrieb meldet , um so straf- und bußfrei die fehlenden Lizenzen nachzubestellen

5   Nutzen von Software

5.1 Modelle von Softwarelizenzen

Der Begriff der Softwarelizenzen ist als Schlüsselbegriff für die kommerzielle wie auch für private Nutzung geschützter wie auch freier Software anzusehen.

Unter kommerzieller Software versteht man alle Softwarepakete die bezahlt werden müssen. Der Heimanwender geht in den Fachhandel und kauft sich dort ein Produkt. Der Rechenzentrums-Leiter wird mit dem Hersteller direkt Kontakt aufnehmen und einen Vertrag abschließen. In beiden Fällen wird jedoch für die Software bezahlt, deshalb ist von kommerzieller Software die Rede.

Von der kommerziellen Software sind folgende *Softwarelizenz-Modelle* zu unterscheiden:

- *Public Domain*: Software gehört hier der Allgemeinheit
- *Freeware* (oder auch *Free Software* genannt), bei der der Autor sich Copyright vorbehält, gibt die Software aber kostenlos ab
- *Shareware:* nach der Prüfung bzw. Test muss die Software bezahlt werden
- *ASP (Mietlizenzen):* derzeit hoch in Mode, die Lizenzen werden per Miet- oder Leasingvertrag erworben

Shareware unterscheidet sich nur in einem Punkt von kommerziellen Software: Sie wird erst nach einer Probe bezahlt. Beide Modelle erlauben aber nicht, dass die gekaufte Software weiterverarbeitet werden darf.

Freeware und Public Domain Software sind beide kostenlos und meist ohne Lizenzbedingungen erhältlich. Vom Prinzip her kann es sich dabei in Umfang und Komplexität der Produkte durchaus um mit kommerzieller Software ebenbürtige Programme handeln. Meistens sind

jedoch kleine Tools aus dem Internet als Freeware deklariert. Unter Public Domain gehören auch Open - Source Lizenzen (z.B. GNU General Public License[9]).

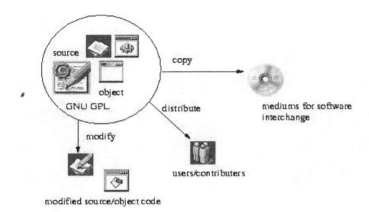

Abbildung 6:   GNU General Public License garantiert die Freiheit von Software.[10]

Eine Weiterverarbeitung ist bei beiden Modellen gestattet, bei der Freeware jedoch nur unter der Einschränkung, dass das entstehende Programm wieder Freeware ist. Bei Public Domain ist die Weiterverarbeitung kommerziell möglich. Freie Software (engl. *Free Software*) und das jüngere *Konzept der open source software* unterscheidet sich von den genannten Kategorien dadurch, dass sie das Copyright/Urheberrecht der Autoren in Anspruch nehmen und zugleich in ihren Lizenzen spezifische Nutzungsfreiheiten festschreiben. Die Details variieren, doch die drei zentralen Punkte, die von den verschiedenen Lizenzen geregelt werden, betreffen die Beifügung des Quellcodes zum Binärcode der Software, das Recht, Kopien an-

---

[9] GNU = General Public License, eine Lizenz, die in ihren Grundzügen der Public Domain Software entspricht, erlaubt aber den Verkauf, die Veränderung und das Verteilen der Software mit der Vorrausetzung, dass Kommentare, Copyright und Haftungsausschluss bei der Änderung enthalten bleiben müssen

[10] In Quelle: World Wide Web: GNU General Public License, http://ig.cs.tu-berlin.de/w2000/ir1/referate1/k-1b/oslicense.html

zufertigen und weiterzuverbreiten und das Recht, die ursprüngliche Software zu modifizieren und abgeleitete Software zu verbreiten.[11]

	Bezahlung	Weiterverarbeitung
Kommerzielle Software	Einmaliger Betrag/ Nach Vertrag	Nicht erlaubt
Shareware	Erfolgt nach Probezeit	Nicht erlaubt
Freeware	Kostenlos	Erlaubt, wenn wieder ein Freeware-produkt entsteht
Public Domain	Kostenlos	Kommerziell erlaubt
Free Software	Kostenlos	Unter bestimmten Voraus-setzungen weitgehend erlaubt
ASP/Mietmodell	Gebührenpflichtig wegen Miete bzw. Leasing	Nicht erlaubt

Tabelle 1, Softwaremodelle im Vergleich

5.2 Lizenzmodelle

Im Allgemeinen lassen sich Softwarelizenzen folgendermaßen kategorisieren:

- nach Anzahl der Benutzer, die die Software gleichzeitig benützen dürfen (z.B. End-benutzerlizenzen oder Volumenlizenzen) – Concurrent Use
- in Gruppenbezogene Lizenzen (einzelne Orte , einzelne Arbeitsgruppen, bestimmte Unternehmensbereiche, Master-Lizenzen ohne Benutzungseinschränkungen)
- die Anzahl der Installationen
- Zeitraum der Nutzung (auf Probe, mit befristeter Nutzungsdauer oder Dauernutzungs-lizenzen)

---

[11] Vgl. Volker Grassmuck, Lizenzmodelle, in Quelle: World Wide Web http//mikro.org/Evets/OS/text/lizenzen.html vom 18.03 2000

Bezüglich der Anzahl der Installationen lassen sich die Lizenzen differenzieren in:

*   *Einzelplatzlizenz:* Software darf nur auf einem Rechner eingesetzt werden
*   *Mehrfachlizenz:* Software darf auf vorgegebener Anzahl Rechner eingesetzt werden (beispielsweise „Enterprise Agreement" (EA) von Microsoft für große Unternehmen mit über 250 PCs und dezentralisierter Softwarebeschaffung)
*   *Netzwerklizenz:* Software darf im LAN eingesetzt werden, mit be- und unbeschränkter Nutzung
*   *Schul- oder Campuslizenz* ist eine Lizenz für alle Systeme in Schule oder Hochschule und für beliebig viele gleichzeitige Nutzer (z.b. „Campus & School Agreement" oder „Forschung & Lehre OPEN License" von Microsoft: ein einfaches und flexibles Lizenzprogramm mit einer Laufzeit von einem oder drei Jahren auf Mietbasis und einer Abnahme von mindestens 5 -10 Lizenzen, erstellt für Kunden aus dem Bildungsbereich.)

Bei der *kommerziellen Software* werden mehrere Lizenzierungsarten unterschieden, die von Hersteller zu Hersteller variieren. Kein Hersteller wird dabei alle anbieten, aber über alle Hersteller hinweg gesehen, begegnet man sicher allen aufgeführten Lizenzen und Lizenzierungsarten.

Single User: Das ist das normale Softwarepaket. Eine Schachtel, ein Programm und eine Lizenz. Shareware wird in der Regel nur in dieser Lizenzform angeboten. Die Lizenzform (beispielsweise EULA-Lizenzen[12] von Microsoft) ist nur sinnvoll, solange nicht mehr als 10 Versionen benötigt werden,

Volume discount: Die bekannte Multiuser-Lizenz. Je mehr man kauft, desto günstiger wird die einzelne Lizenz. Die Verwaltung wird durch eine umfassende Lizenz gegenüber vielen Einzelnen erheblich vereinfacht.

Contracts: Wenn eine große Unternehmung besondere Ansprüche oder Wünsche an die Lizenzvereinbarungen stellt, so gibt es durchaus Hersteller, die dem entgegenkommen, und individuelle Verträge anbieten.

Bundled: Die Software ist an einen Hardwarekauf gebunden. Der Preis für die Software wurde bereits vom Hersteller des Hardwareprodukts entrichtet (sog. OEM Original Equipment Manufacturer Lizenzen). Komplett - PCs oder Grafikkarten werden in solchen Kombinationen angeboten. Es sollte darauf geachtet werden, dass der Datenträger der Software mitgeliefert wird, um eine Re-Installation zu ermöglichen. Bundled-Software ist üblicherweise günstiger als eine gleichwertige Single User Lizenz.

Upgrades: Es gibt Softwarepakete, die explizit als Upgrades verkauft werden. Um die Lizenzbestimmungen zu erfüllen, muss die Vorversion der Software bereits installiert sein. Die meisten Programme suchen die Maschine nach Vorversionen ab, und verweigern die Installation bei nicht gefundener alter Programmversion.

Educational: Die größten Vergünstigungen kommen Schulen oder anderen Ausbildungsinstitutionen zugute. Auch Studentenversionen von einzelnen Softwarepaketen sind erhältlich.

Home & Office: In vielen größeren Firmen zu finden. Die Idee dahinter ist, dass der Arbeitnehmer als User normalerweise nicht gleichzeitig seine Software zu Hause und im Geschäft nutzen kann. Er darf vom Geschäft lizenzierte Software auch bei sich zu Hause installieren. Der Aufpreis, den die Firma für die Lizenz zahlen muss, ist meist sehr gering.

Concurrent Use: Diese Lizenzform ist vor allem bei teurer oder wenig gebrauchter Software sinnvoll. Die Software wird auf allen gewünschten Rechner im Betrieb installiert, aber die Firma muss sicherstellen, dass nur eine limitierte Anzahl von Benutzern die Software gleichzeitig verwendet.

Evaluation: Diese Lizenzierungsart ist nur bei Shareware anzutreffen. Zuerst ausprobieren, dann bezahlen. Damit der Hersteller zu seinem Geld kommt, funktioniert die Software nach Ablauf der Probezeit vielfach nicht mehr oder nur noch eingeschränkt. Ohne diese Einschränkung muss der Hersteller auf den Goodwill des Benutzers vertrauen, die Software trotzdem zu bezahlen.

---

[12] EULA (End User License Agreement) gewährt dem Anwender z.B. für jedes Microsoft Softwareprogramm genau nur eine Lizenz

Bei vielen Herstellern werden Volume discount, Contracts, Educational und Home & Office meist per Vertrag geregelt und sind innerhalb der Firma standardisiert. Am Beispiel von Microsoft ist dies deutlich zu sehen.[13]

5.3 Lizenzmodelle von Microsoft

Microsoft, wie auch viele andere Hersteller, bietet für jede Zielgruppe verschiedene Lizenzen. Nicht alle Lizenzarten gibt es für alle MS Programme.

Die Lizenzmodellbreite reicht bei Microsoft von Einzelplatzlizenzen über Sondereditionen, wie Microsoft didaktische Lehr- und Lehrmaterialien Software von Cornelesen, einschließlich Volumenlizenzprogramme (Lizenzprogramme für Einrichtungen.)

Die untenstehende Abbildung 7:   MS Lizenz-Modelle, gibt Ihnen einen allgemeinen Überblick über Microsoft Lizenzmodelle.[14] Bei dieser Übersicht erhebe ich aber keinen Anspruch auf Vollständigkeit. Ich habe hier lediglich versucht, mir einen Überblick zu schaffen.

---

[13] Anno Cantieni, Software Lizenzierung, Seminararbeit, geschrieben an der Hochschule Rapperswil, 2000, S. 7-8

[14] Vgl. Microsoft Umdruck, Die Microsoft Lizenzierung , 2003 in Quelle: World Wide Web

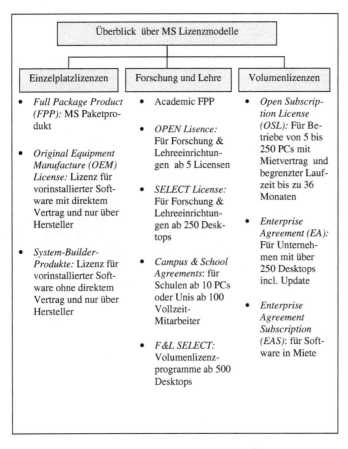

Überblick über MS Lizenzmodelle		
Einzelplatzlizenzen	**Forschung und Lehre**	**Volumenlizenzen**
• *Full Package Product (FPP):* MS Paketprodukt • *Original Equipment Manufacture (OEM) License:* Lizenz für vorinstallierter Software mit direktem Vertrag und nur über Hersteller • *System-Builder-Produkte:* Lizenz für vorinstallierter Software ohne direktem Vertrag und nur über Hersteller	• Academic FPP • *OPEN Lisence:* Für Forschung & Lehreeinrichtungen ab 5 Licensen • *SELECT License:* Für Forschung & Lehreeinrichtungen ab 250 Desktops • *Campus & School Agreements:* für Schulen ab 10 PCs oder Unis ab 100 Vollzeit-Mitarbeiter • *F&L SELECT:* Volumenlizenzprogramme ab 500 Desktops	• *Open Subscription License (OSL):* Für Betriebe von 5 bis 250 PCs mit Mietvertrag und begrenzter Laufzeit bis zu 36 Monaten • *Enterprise Agreement (EA):* Für Unternehmen mit über 250 Desktops incl. Update • *Enterprise Agreement Subscription (EAS):* für Software in Miete

Abbildung 7:   MS Lizenz-Modelle,[15]

---

[15] In Anlehnung an Microsoft, Die Microsoft Lizenzierung- Die MS Lizenzmodelle im Überblick, http//www.microsoft.com/germany/lizenzierung/

6   Wie führt man ein effektives Software-Lizenzmanagement ein?

Ein schnelles ordnungsgemäßes Lizenzmanagement können Unternehmen selbst einführen oder als Dienstleistung von auf Softwaremanagement spezialisierten Beratungsunternehmen wahrnehmen, wie z. B. dem Aachener Beratungsunternehmen Aspera OHG oder der in München ansässigen Datalog Software AG.

Ausgangspunkt der Einführung ist die präzise Analyse der aktuell praktizierten Lizenzverwaltung. Dabei gehören die Softwarelizenzprüfungen (sog. Audits) – ob unternehmensintern oder durch externen Dienstleister durchgeführt – zum ersten Schritt. Diese bestehen aus der Ist-Analyse der installieren Software an den Arbeitsplätzen, der Bestandsaufnahme der erworbenen Lizenzverträge und deren Echtheitsnachweis. Anschließend folgt der wichtigste Teil: der Abgleich der installierten Software mit den erworbenen Lizenzen. Dieser muss nachvollziehbar sein und dokumentiert werden. Die Durchführung des Audits wird bei Bedarf auch mit einem Zertifikat des jeweiligen Softwareherstellers bestätigt.

6.1   KPMG: Vier Säulen des Lizenz-Managements

Um den Stand des Lizenzmanagements in deutschen Unternehmen näher zu beleuchten, hat die Wirtschaftsprüfungsgesellschaft KPMG aus Köln in Rahmen einer Umfrage 6.000 mittelständische Unternehmen befragt. Als Ergebnis der Umfrage hat sie Empfehlungen abgeleitet, wie ein überlegenes Lizenzmanagement aussehen könnte und welche integrale Bestandteile dazu gehören.

KPMG entwickelte aufgrund seiner umfassenden nationalen und internationalen Erfahrung im Bereich des Lizenzmanagement Know-how über die wesentlichen Kriterien, die Unternehmen bei der Implementierung eines wirksamen Lizenzmanagements berücksichtigen sollen. Diese Kriterien stellen die Grundvoraussetzungen für ein Softwarelizenzmanagement dar und können bei der Umsetzung in der Praxis variabel eingesetzt werden.

Ein wirksames Lizenz-Management ruht auf vier Säulen (siehe Abbildung 8:   Vier Säulen des Lizenzmanagements nach KPMG): den organisatorischen Regelungen, einem aktuellen Hard- und Softwareinventar, einem ebensolchem Lizenzinventar sowie einer gut strukturierten Bedarfsplanung und Beschaffung.

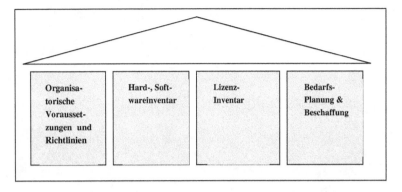

Abbildung 8:   Vier Säulen des Lizenzmanagements nach KPMG

Der Begriff *Lizenzinventar* bezieht sich hier auf das Erfassen der Softwarenutzungsrechte, während im *Softwareinventar* die tatsächlich auf den PCs installierten Programme verzeichnet sind.

Säule 1: Richtlinien und Anweisungen

Lizenz-Management als Managementaufgabe kommt nicht ohne Regelwerk aus. Die Praktiker meinen, dass ca. 70 % der Projektzeit bei der Implementierung eines Softwarelizenz-Managements für die Entwicklung von Richtlinien zur Nutzung von Software und Internet sowie der Ernennung der Verantwortlichen aufgewendet wird. Die übrigen 30 % Prozent der Projektzeit verteilen sich auf das Organisieren von Hard-, Software, und Lizenzinventar bzw. für Beschaffung- und Bedarfsplanungsvorgehen.

Neben den Richtlinien müssen außerdem verbindliche, schriftliche Arbeitsanweisungen formuliert werden. Diese sollen die für Lizenz-Management relevanten Prozesse dokumentieren, insbesondere für solche Prozesse, die das Hard- und Software- sowie Lizenzinventar betreffen. Dabei soll ein striktes Verbot ausgesprochen werden, Software ohne Kenntnis der für das Lizenz-Management verantwortlichen Abteilung zu beschaffen. Jeder Mitarbeiter muss durch seine Unterschrift die Kenntnisnahme sowie die Einhaltung der Richtlinien und Arbeitanweisungen bestätigen.

Säule 2: Hard- und Softwareinventar

Ausgangspunkt für jedes Lizenz – Management ist das Wissen um die exakten Bestandszahlen, so etwa wie die Anzahl betriebener PCs im Netzwerk oder der Einzelarbeitsplätze, bzw. welche Software wie oft genutzt wird. Diese Zahlen müssen in ein stets auf dem aktuellen Stand zu haltendes Hard- und Softwareinventar einfließen. Größere Unternehmen sollten die Bestände zudem nach Abteilungen oder Standorten trennen. Darüber hinaus wird empfohlen, PCs und Software jeweils einzelnen Anwendern zuzuweisen. Zur Kontrolle ist in regelmäßigen Abständen eine Hard- und Softwareinventur mit professionellen Inventarisierungstools, beispielsweise *Asset-Management-Software* (dazu siehe Kapitel 7), angebracht. Manuelle Kontrollen lassen sich aber dadurch nicht vollständig ersetzen.

Säule 3.: Lizenzinventar

Das Lizenzinventar ist einer der Grundsteine des Lizenzmanagements. Sämtliche Softwarelizenzen, die das Unternehmen angeschafft hat, müssen mitsamt den Informationen zu den jeweiligen Versionen sowie Besonderheiten der Lizenzbedingungen, wie beispielsweise Upgrade- und Downgrade-Rechte, erfasst werden. Beim Fehlen einer organisationsweit einheitlichen Konfiguration sollten die einzelnen Lizenzen jeweils spezifischen User zugeordnet werden. Dadurch lässt sich beispielsweise sicherstellen, dass durch Arbeitsplatzwechsel oder Ausscheiden eines Mitarbeiters frei werdende Lizenzen möglichst bald wieder verwendet werden können. Denn nur aufgrund eines aktuellen und vollständigen Inventars kann entschieden werden, ob die Neuanschaffung einer Lizenz notwendig ist. Dies setzt eine Zusammenarbeit der Personalabteilung mit der IT- Abteilung voraus.

Säule 4: Bedarfsplanung und Beschaffung

Bedarfsplanung und Beschaffung von Software erfolgt im Kontext der unternehmerischen Gesamtentwicklung. Die Planungsgrundlage bilden dabei die aktuellen Hard- und Software- sowie Lizenzinventare. Bedarfsanforderungen für Software sind mit dem Lizenz-Management abzustimmen. Somit lassen sich unnötige Ausgaben vermeiden, wenn ein Abgleich zwischen Bedarf und Bestand erfolgt.[16]

---

[16] Vgl. KPMG, Litzenmanagement in Deutschen Unternehmen: Ergebnisse einer Umfrage , S. 26 -27, sowie Computer Woche online, „Die Vier Säulen des Lizenz-Managements" vom 27.02.04 , in Quelle: World Wide Web, http//www.computerwoche.de

7   Asset -Management-Software: per Program oder per pedes?

In der Regel wird von den Softwareproduzenten eine Lizenz in Papierform als originärer Nachweis für das Eigentum an der Lizenz ausgestellt. Laut der Umfrage von KPMG erfolgt die Aufbewahrung der Lizenznachweise in fast drei Viertel der Unternehmen (70%) in der IT- Abteilung. Nur in wenigen Unternehmen werden diese in anderen Abteilungen oder extern aufbewahrt.

Obwohl die Mehrheit der Unternehmen eine Verwaltung der Lizenzen anhand der Belegsammlung pflegt, existiert mittlerweile eine ganze Reihe von speziellen Lizenzverwaltungstools und Inventarisierungssoftware.

Unter dem Namen *Asset Management* fasst die Softwarebranche beispielsweise moderne Verwaltungsprogramme zusammen, die den gesamten Beschaffungsprozess von Software bis zur Planung von Upgrades ermöglicht und die Arbeit so mancher System – und Netzwerkadministratoren erleichtert. In einem engeren Sinne versteht man unter *Asset Management* die Bestandsverwaltung der IT- Infrastruktur in einem Unternehmen.

Die Palette solcher Verwaltungsprogramme ist ziemlich breit. Grob unterscheidet man zwischen Tools für kaufmännische und technische Verwaltung (siehe Abbildung 9 auf der nächsten Seite). Außerdem können diese Lösungen zu herstellerabhängigen und unabhängigen Anbietern von Lizenzmanagement-Software gehören. So z.B. BSA oder Aspera gehören zu unabhängigen Anbietern der virtuellen Lizenzverwaltung, Datalog mit OLIZ ist dagegen nur ein Wiederverkäufer. Microsoft beispielsweise bietet nur eigene herstellergebundene Tools wie MSIA Microsoft Software-Inventur-Assistent an. Damit können kleine und mittelständische Unternehmen die gängigsten Microsoft Softwareprodukte einfach und unkompliziert inventarisieren.

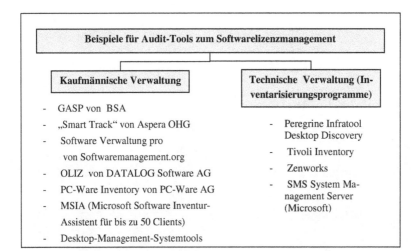

Abbildung 9:   Beispiele für Audit - Tools zum Softwarelizenzmanagement

Eine schnelle Software-Analyse kann von Unternehmen mit Hilfe der von der BSA angebote-
nen kostenlosen Softwarelizenzmanagement- Audit - Tools namens GASP durchgeführt werden. Daneben gibt es noch weitere Möglichkeiten vieler anderer Anbieter solcher Tools, wie
z. B:

- *„Smart Track"* (erste webbasierte Softwarelizenzverwaltung Aachener Lizenzmanagement - Spezialisten Aspera OHG, das hersteller- und lieferantenneutral alle Arten von
  Lizenzen steuert und verwaltet)

- *„Software Verwaltung Professional"* von Software Softwamanagment.org ITS sorgt für
  die Datenbank gestützte Lizenz-Verwaltung (Siehe Abbildung 10)

- *OLIZ* - das Online Lizenzmanagement Tool von DATALOG Software AG erlaubt die
  Verwaltung von Microsoft Verträge in einer Lizenz-Kontrolle direkt über das Internet.

- *PC-Ware inventory* von PC-Ware AG, Software-Tool für optimale Software- und
  Hardwaremanagement

- *MSIA* (Microsoft Software Inventur-Assistent für bis zu 50 Clients) oder

- *Desktop-Management-Systemtools* als Lizenzverwaltung im Netz etc.

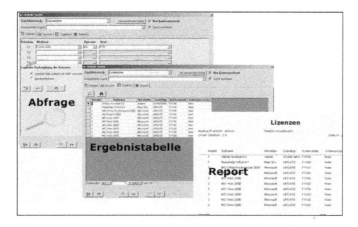

Abbildung 10:   Verwaltung der Lizenzen mit Hilfe „Software Verwaltung pro"[17]

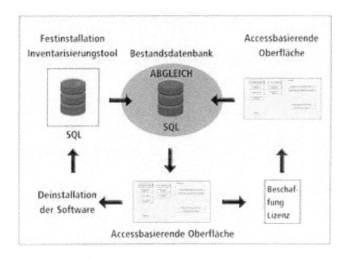

Abbildung 11:   Funktionsweise von OLIZ[18]

---

[17] Vgl. Softwaremanagment.org IST, Software Verwaltung Professional 3.0.,
http://www.softwaremanagment.org/solutions/SVPRO.html

[18] Vgl. DATALOG AG, Online-Lizenzverwaltung: OLIZ- das Online Lizenzmanagement Tool,
http://www.datalog..de/Themen/Lizenzen/online_verwaltung.asp

Über Inventarisierungsprodukte, wie z.b. Tivoli Inventory oder Peregrine werden den Assets bzw. Personen die Installationen der Software zugeordnet. Der grosse Vorteil solcher Software ist, das sie Administratoren und (Buchhaltern) jederzeit fast im Handumdrehen zeigt, was im Unternehmen vorhanden ist. Die Programme beschränken sich nicht darauf, einfach nur zu zählen, vie viele Rechner und wie viele Softwarepakete zum Betriebsvermögen gehören, sondern sie analysieren auch gleich die interne Hardware der Computer und oftmals die Rechnerkonfiguration, die Speicherorte der Software, die installierten Gerätetreiber und mehr. Einige Inventarisierungsprogramme zeigen außerdem deutlich, ob sich an der Hard- und Softwareausstattung bzw. –Konfigurationen eines Computers seit der letzten Inventarisierung irgendwas geändert hat. Damit sind solche Programme nicht nur für die Pfennigfuchser in den Unternehmen interessant, sondern sie sind auch wertvolle Hilfsmittel für Administratoren und Benutzersupportmitarbeiter bei ihrer täglichen Arbeit.[19]

7.1 Funktionsweise eines Asset Centers (Lizenzmanagement-Verwalters)

Ein Lizenz-Manager ist im Prinzip ein Datenverwalter. Asset Center verwalten verschiedene Bereichsdaten, wie Daten aus Rechnungswesen, Beschaffungs- und Vertragsdaten, sowie Informationen über Lieferanten, und gleichen sie miteinander ab. Über die Schnittstellen erfolgt ein ständiger Datenaustausch.

---

[19] Vgl.i n Quelle Worl Wide Web Erbsenzähler im Netz:
htttp://www.networkcomputing.de/helf/rwl/rwl_2002/rwl_160252.html

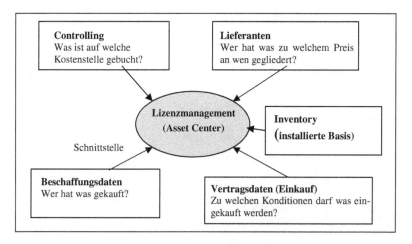

Abbildung 12:   Aufgaben eines Asset Centers[20]

Das Optimum ist dann erreicht, wenn alle Daten stimmen, ansonsten liegen Diskrepanzen vor und der Lizenz-Manager meldet sich zur Wort. Der kaufmännischen und administrativen Abteilung werden dann Informationen, z.B. per E-Mail, übermittelt, welche Lizenzen wenig oder gar nicht genutzt werden, auf welchen Rechnern sich die zugeordneten Installationen befinden und wer der Benutzer dieses Rechners respektive der Lizenz ist. Auf diese Weise lassen sich sowohl überzählige Lizenzen als auch überzählige Installationen innerhalb kürzester Zeit herausfiltern und es können entsprechende Gegenmaßnahmen wie der Neuerwerb von Lizenzen oder auch die Deinstallation von nicht benötigter Software eingeleitet werden.

7.2   Softwarelizenzierung im Netz am Beispiel der Desktop-Management Tools

In großen Netzen ist das Lizenzmanagement ohne geeignete Tools und strenge Regeln nicht zu realisieren. Mit der steigenden Vernetzung von Computern, wächst die Zahl der Unternehmen mit Client-/Server-Architekturen. Auch hier gelten klare Lizenzvorschriften.

Bei Netzwerk-Installationen gilt: Pro Anwender eine Softwarelizenz. Diese Regel findet auch Anwendung, wenn die Software nur einmal auf den Netzwerk-Server installiert und allen

---

[20] Diese Abbildung habe ich in Anlehnung an die Diskussion mit Frau Marina Schröder, die Außendienstmitarbeiterin von Aspera OHG erstellt.

Anwendern über ihren PC zugänglich ist. Das heißt, wenn man ein Netzwerk-Betriebssystem lizenzieren will, muss man die Anzahl der Rechner im Netz angeben und erhält hierfür entsprechende Benutzer- sowie Server-Access-Lizenzen. Dabei sind auch die mobilen Anwender zu berücksichtigen, die nur im Netz arbeiten. Mehrfachlizenzen haben dabei den Vorteil, dass der Hersteller Rabatte einräumt. Man zahlt also pro Kopie weniger als den vollen Preis.[21]

Moderne Desktop-Management-Tools bieten den Administratoren eine Abhilfe mit der Möglichkeit, eine automatische Inventur der im Netz installierten Hard- und Software durchzuführen und die Nutzung exakt zu messen.

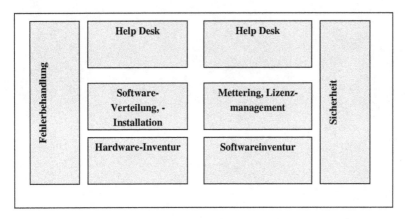

Abbildung 13:   Funktionsbereiche eines Desktop-Management-Systems[22]

Der Einsatz intelligenter Mettering- oder Management-Software bietet also hier Vorteile: man kann den Zugriff auf bestimmte Anwendungen genau definieren und nur benötigte Lizenzen kaufen.

---

[21] BSA, Softwaremanagement, in Quelle: World Wide Web, http://www.bsa.de/infosundtools/Softwaremanagement.phtml vom 01.04.2003

[22] Vgl. Informationsweek, System-Management in Ausgabe 13 vom 20.06.2002, http://www.informationsweek.de

8   Softwarelizenz- Management Controlling

Softwarelizenzen sind virtuelle Werte, die ein Unternehmen jährlich für Millionenbeträge einkauft. Namenhaften Untersuchungen zu Folge lässt sich mit einem funktionierenden Lizenzmanagement eine Kostenreduktion von ca. 15 Prozent realisieren. (hier fehlt eine Fußnote – Quelle)

Wird aber Software –Einsatz nicht standardisiert, d.h. durch verantwortliche Abteilung dezentral erfasst, kann es schell zum „Wildwuchs" an Software kommen. Dies führt zu Überlizenzierung und überzähligen Beständen. Dadurch entstehen unnötige Kosten.

Die Lizenzgebühren betragen dabei maximal ein Viertel der Gesamtkosten (Total Cost of Ownership). Der Hauptteil entfällt auf Auswahl, Installation, Verteilung, Verwaltung und Support.

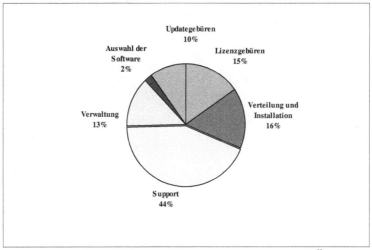

Abbildung 14:   Kostenanteile für die legale Lizenzbeschaffung[23]

Die Gründe für Mehrkosten sind vielfältig, können aber durch entsprechende Gegenmaßnahmen wettgemacht werden. Im Folgenden werden die Ursachen für Mehrausgaben und die

---

[23] In Quelle: World Wide Web, „Kosteneinsparungen durch effizientes Software-Managements", 1998, http//www.webwiev.de/consult/softmanag/kosten.htm

dazugehörigen Gegenmaßnahmen bei Auswahl, Beschaffung und - Verwaltung, Verteilung und Installation, Support sowie bei dem Update von Softwarelizenzen kurz dargestellt.

Bei der *Auswahl von Software* können Mehrkosten entstehen, wenn technologische Neuheiten ins Softwareportfolio nicht integriert werden bzw. von der Freiheit ausgegangen wird, Software nach individuellen persönlichen Bedürfnissen sporadisch auswählen zu können. Dagegen hilft die einmalige Definition eines unternehmensweiten Softwarekonzeptes, sowie eine regelmäßige Überprüfung und Abgleich des Softwarekonzeptes mit den Unternehmensinteressen.

Bei der *Lizenzbeschaffung* kann es zu Mehrausgaben dadurch kommen, dass Aktionspreise oder Sonderangebote als Gelegenheit wahrgenommen werden und damit die Software-Struktur und Beschaffung bestimmt wird. In diesem Fall hilft die Kumulierung des Softwarebedarfs, um Mengenlizenzprogrammen der Softwarehersteller nutzen zu können

In der Verwaltung verursachen viele kleine Einzelbeschaffungen laufende interne Kosten und einen zeitlichen Mehraufwand, was zu Einbussen bei Mengenpreisvorteilen führen kann. Diese Nachteile können beseitigt werden, indem man durch die vereinfachte Verwaltung und Kontrolle der Lizenzen an einer Stelle die legale Nutzung von Software-Lizenzen sicherstellt und durch Mengenlizenzverträge den zeitliche Aufwand für die Softwarebeschaffung auf max. 2 Termine pro Jahr beschränkt.

In der werden jeweils durch Gegenmaßnahmen erzielbare mögliche Einsparpotenziale sichtbar.

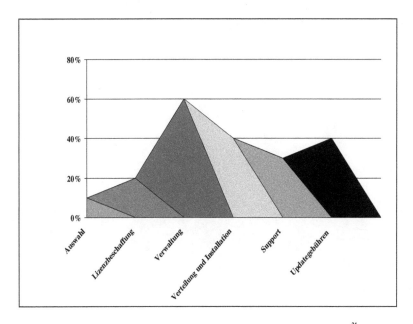

Abbildung 16:   Mögliches Einsparpotenzial durch Gegenmaßnahmen[24]

Weiterhin entstehen verdeckte Kosten *in der Verteilung und Installation* durch Fehllieferungen und einzelne dezentral bestellte Softwareprogramme. Die zeitlich nicht abgestimmte Installation von Software auf den Arbeitsplätzen verursacht oft technische Probleme im Zusammenspiel mit anderen Anwendungen auf dem eigenen Rechner und im Netzwerk. Zudem werden oftmals PC-Systemkonfigurationen durch neue, unkoordinierte Installationen überschrieben und verhindern das fehlerfreie Arbeiten der vorhandenen Installation. Hier schafft man Abhilfe, indem man die Verträglichkeit der Anwendungen untereinander und unternehmensweit auf der Basis eines Softwarekonzepts sicherstellt bzw. durch Anweisung an die Mitarbeiter die individuelle Installation von Fremdsoftware (auch von illegalen Kopien) verhindert und damit eine Fehlerquelle für technisches Problem auch bei der Gesamtinstallation vermieden wird.

---

[24] In Anlehnung an Quelle: World Wide Web, Kosteneinsparungen durch effizientes Software-Management, 1998, http://www.webview.de/consult/softmanga/kosten.html

Die unkontrollierten dezentralen Softwareinstallationen machen den *technischen Support* seinerseits meist unmöglich. Dieser beschränkt sich dann nur auf die Aufgaben und Schadenbegrenzung und löst das Problem nicht im Kern. Bereitstellung des Know-how erfolgt dann nur oberflächlich, da nur für eine beschränkte Anzahl von Software kostengünstiger Support aufgebaut und vorbehalten werden kann. Außerdem wird in der Fehlerbehebung Flickschusterei betrieben und teures Geld für die Problembeseitigung in kritischen Situationen und Anwendungen bezahlt.

Als Gegenmaßnahmen wird hier ein gezielter Aufbau und Vorhalten von Know-how für die definierte Software empfohlen. Die technischen Probleme werden als qualitativer Input für das unternehmensweite Softwarekonzept genutzt und bestimmen maßgeblich die nächste Beschaffungswelle von Updates oder Neulizenzen. Somit wird nur das beschafft und technisch betreut, was zum Nutzen des Unternehmens in der Praxis einsetzbar ist.

Und letztens können *Probleme bei Update* entstehen, wenn Updates zum Teil auch für illegal installierte Software angeschafft werden oder wenn Mitarbeiter nach neuen Versionen verlangen, obwohl diese aus betrieblichen Gründen nicht erforderlich wären. Dadurch erhöhen sich unnötig die Updategebühren. Als Präventivmaßnahme kann in diesen Fällen gelten: Für alle neuen Updates müssen auch legale Vorversionen, also autorisierte Softwarelizenzen vorhanden sein; Durch die Ausnutzung von Wartungsverträgen der Softwarehersteller können Updates zu einem Pauschalpreis automatisch vorgenommen werden.

9   Schlusswort

Das Softwarelizenz-Management ist für Unternehmen heute zu einer neuen, wichtigen, interessanten und manchmal auch schwierigen Managementaufgabe geworden. Eines der größten Risiken im Lizenz-Management ist der Verstoß gegen das Urheberrecht. Nur wenige Unternehmen verletzen dieses Softwarenutzungsrecht vorsätzlich. Oft ist es die Komplexität der Materie, die es erschwert, den Überblick zu behalten (z.b. sich ändernde Regelungen der Lizenzierungsarten und Programme, mangelnde Dokumentationen, wirtschaftliche Veränderungen aufgrund von Firmenzusammenschlüssen oder Firmenkäufen etc.).

Abhilfe schaffen hier die Inventory- und. Lizenzmanagementtools, die helfen können, die vorhandene Über- bzw. Unterlizenzierung zu bereinigen. Insbesondere für große Unternehmen und in Netzwerken wird es immer wichtiger solche Lösungen zu nutzen, weil sie häufig hoffnungslos überlizenziert sind. Der Einsatz von Asset - Tools verhilft dazu, die Lizenzsituation in Griff zu bekommen und Kosten zu sparen.

Quellenverzeichnis

Aspera OHG (2003)

Aspera OHG : discover Aspera, www.aspera.ac

Adobe (2003)

Adobe, Was ist Software-Piraterie, http//www.adobe.de /aboutadobe/antipiracy/avoid.html

Business Software Alliance (BSA) (2003)

Business Software Alliance: Was Sie über legale Software wissen sollen, http://www.bsa.de,

Business Software Alliance: Softwaremanagement,
http://www.bsa.deinfosundtools/siftwaremanagement.phtml

Computer Woche online (2003)

Computer Woche online: Die Vier Säulen des Lizenz-Managements vom 27.02.03 ,
http//www.computerwoche.de

Computer recht (2002)

Computerrecht: Rechtliche Grundlagen vom 29.11.02, http//www.computerrecht.de

DATALOG AG (2003)

DATALOG AG, Online-Lizenzverwaltung: OLIZ- das Online Lizenzmanagement Tool,
http://www.datalog..de/Themen/Lizenzen/online_verwaltung.asp

Volker Grassmuck (2000)

V. Grassmuck: Lizenzmodelle, http://mikro.org./Events/OS/text/lizenzen.html

Informationsweek (2002)

Informationsweek: System-Management in Ausgabe 13 vom 20.06.2002,
http://www.informationsweek.de.

KPMG (2003)

Wirtschaftsprüfungsgesellschaft KPMG, Lizenzmanagement in deutschen Unternehmen,
www.kpmg.de

Softwarespectrum (2001)

Softwarespectrum: Ordnung im Software-Chaos, eManager 2/2001,
http//www.coftwarespectrum.de /press_pdf/eManager.pdf

Microsoft (2003)

Microsoft: Lizenzmanagement, http//www.microsoft.com/germany/ms/lizenzmanagment.htm,

Microsoft: Die Microsoft Lizenzierung, http//www.microsoft.com/germany/themen/lizenzierung.htm

Microsoft: Software Piraterie, http//www.microsoft.com/germany/themen/piraterie/ges/urheberrecht.htm

In Quelle: World Wide Web, Houstgroup-Newsletter, 2/2002,
http//www.hostgroup.com/newsletter_2_2002.pdf

In Quelle: World Wide Web: GNU General Public License,
http://ig.cs.tu-berlin.de/w2000/ir1/referate1/k-1b/oslicense.html

In Quelle: World Wide Web, „Kosteneinsparungen durch effizientes Software-Managements", 1998,
http//www.webwiev.de/consult/softmanag/kosten.htm

In Quelle: World Wide Web, Erbsenzähler im Netz,
http//www.networkcomputing.de/heft/rwl/rwl_2002/rwl_160252.html

Abbildungsverzeichnis

Abbildung 1 Perspektiven des Softwarelizenz-Managements 6

Abbildung 2 Beispiel eines Lizenzvertrages 8

Abbildung 3 Lizenzvertragsarten 9

Abbildung 4 BSA –Kompanie gegen Raubkopien 13

Abbildung 5 GNU General Public License garantiert die Freiheit von Software. 15

Abbildung 6, MS Lizenz-Modelle, 20

Abbildung 7, Vier Säulen des Lizenzmanagements nach KPMG 22

Abbildung 8, Beispiele für Audit - Tools zum Softwarelizenzmanagement 25

Abbildung 9, Verwaltung der Lizenzen mit Hilfe „Software Verwaltung pro" 26

Abbildung 10, Funktionsweise von OLIZ 26

Abbildung 11, Aufgaben eines Asset Centers 28

Abbildung 12, Funktionsbereiche eines Desktop-Management-Systems 29

Abbildung 13, Kostenanteile für die legale Lizenzbeschaffung 30

Abbildung 14, Mögliches Einsparpotenzial durch Gegenmaßnahmen 32

Tabellenverzeichnis

Tabelle 1, Softwaremodelle im Vergleich 14

Abkürzungsverzeichnis

ASP	Application Server Providing
z.B.	zum Beispiel
BGB	Bürgerliche Gesetzbuch
bspw.	beispielsweise
BSA	Business Software Alliance
etc.	et cetera (lat.): „und weitere"
ca.	circa
EDV	Elektronische Datenverarbeitung
EULA	End User License
GNU	General Public License
IT	Informationstechnologie
LAN	Local Area Network
OLIZ	Online Lizenz- Manager
OEM	Original Equipment Manufacture
UrhG	Urhebergesetz

Bibliografische Information der Deutschen Nationalbibliothek:

Die Deutsche Bibliothek verzeichnet diese Publikation in der Deutschen Nationalbibliografie; detaillierte bibliografische Daten sind im Internet über http://dnb.d-
nb.de/ abrufbar.

Impressum:

Copyright © 2018 GRIN Verlag
Druck und Bindung: Books on Demand GmbH, Norderstedt Germany
ISBN: 9783668927728

Dieses Buch bei GRIN:

https://www.grin.com/document/465505

Felix Lammers

Machine Learning in industriellen Dienstleistungen. Ein Vorgehensmodell

GRIN Verlag

GRIN - Your knowledge has value

Der GRIN Verlag publiziert seit 1998 wissenschaftliche Arbeiten von Studenten, Hochschullehrern und anderen Akademikern als eBook und gedrucktes Buch. Die Verlagswebsite www.grin.com ist die ideale Plattform zur Veröffentlichung von Hausarbeiten, Abschlussarbeiten, wissenschaftlichen Aufsätzen, Dissertationen und Fachbüchern.

Besuchen Sie uns im Internet:

http://www.grin.com/

http://www.facebook.com/grincom

http://www.twitter.com/grin_com

FernUniversität in Hagen

Konzeption eines Vorgehensmodells zur Einführung von Machine Learning in industriellen Dienstleistungen

Masterarbeit

Vorgelegt der Fakultät für Wirtschaftswissenschaft
der FernUniversität in Hagen
Lehrstuhl für Betriebswirtschaftslehre,
insbesondere Informationsmanagement

Von: Felix Lammers

Abgabe am: 21.11.2018

Sommersemester 2018, 5. Studiensemester

Inhaltsverzeichnis

Abbildungsverzeichnis III

Tabellenverzeichnis IV

Abkürzungsverzeichnis V

1 Einleitung 1

2 Begriffliche Grundlagen und Forschungsstand zu relevanten
   Vorgehensmodellen 5

   2.1 Industrieunternehmen und deren Dienstleistungen 5

        2.1.1 Eigenschaften von Industrieunternehmen 5

        2.1.2 Charakterisierung industrieller Dienstleistungen am Beispiel
               vorausschauender Instandhaltung 6

   2.2 Künstliche Intelligenz und maschinelles Lernen 8

        2.2.1 Einordnung und Definition des Begriffs ‚künstliche Intelligenz‘ 8

        2.2.2 Maschinelles und überwachtes Lernen als Bestandteil von
               industriellen Dienstleistungen 11

   2.3 Vorgehensmodelle zur Einführung von maschinellem Lernen in
        industriellen Dienstleistungen 13

        2.3.1 Abgrenzung des Begriffs ‚Vorgehensmodell‘ und Auswahl des
               Modelltyps 13

        2.3.2 Relevante Vorgehensmodelle, Ansätze und Rahmenwerke im
               Forschungskontext 15

3 Analyse von Vorgehensmodellen 20

   3.1 Methodik zur Analyse der betrachteten Vorgehensmodelle 20

   3.2 Rahmenwerk zu Bewertung und Vergleich der Modelle 21

   3.3 Beschreibung und Analyse der Vorgehensmodelle 24

        3.3.1 Prozessmodelle zur Dienstleistungsentwicklung 24

        3.3.2 Modelle zur Durchführung von Projekten des maschinellen
               Lernens 29

        3.3.3 Ansätze zur Einführung von künstlicher Intelligenz oder
               maschinellem Lernen in die Instandhaltung 34

   3.4 Vergleich der Vorgehensmodelle und Ableitung der Ergebnisse für die
        Konzeption des Vorgehensmodells 37

4 Konzeption und Evaluation des Vorgehensmodells 40

   4.1 Methodik zur Konzeption und Evaluation 40

   4.2 Konzeption des Vorgehensmodells 41

        4.2.1 Vorüberlegungen zu Aufbau, Ablauf und Eigenschaften des
               Vorgehensmodells 41

        4.2.2 Entwicklung des Vorgehensmodells 44

I

4.3 Evaluation des neu konzipierten Vorgehensmodells 52

5 Zusammenfassung und Ausblick **58**

5.1 Zusammenfassung und kritische Würdigung der Arbeit 58

5.2 Ausblick 64

Literaturverzeichnis **65**

Abbildungsverzeichnis

Abbildung 1: Einordnung der Begriffe ‚künstliche Intelligenz', ‚maschinelles Lernen' und ‚tiefes Lernen'.. 10

Abbildung 2: Vereinfachte Darstellung des evolutionären Prozessmodells........ 14

Abbildung 3: Phasen des Prozessmodells zur Serviceentwicklung................... 25

Abbildung 4: Elemente des Service Engineering 27

Abbildung 5: Cross-Industry-Standard-Process-for-Data-Mining-Prozessmodell 29

Abbildung 6: Schritte des Knowledge-Discovery-in-Databases-Modells 32

Abbildung 7: Roadmap für die Implementierung von künstlicher Intelligenz in der Wartung.. 35

Abbildung 8: Reifegrad-Modell zur Einführung einer vorausschauenden Wartung36

Abbildung 9: Aufbau und Ablauf des Vorgehensmodells............................... 41

Abbildung 10: Vorgehensmodell zur Einführung von maschinellem Lernen in industriellen Dienstleistungen... 49

Tabellenverzeichnis

Tabelle 1: Überblick über Forschungsarbeiten zum Forschungskontext 18

Tabelle 2: Analyse Prozessmodell zur Serviceentwicklung 26

Tabelle 3: Analyse des Modells zum industriellen Service Engineering 28

Tabelle 4: Analyse des Cross-Industry-Standard-Process-for-Data-Mining-Modell 31

Tabelle 5: Analyse des Knowledge-Discovery-in Databases-Modell 34

Tabelle 6: Vergleich der herangezogenen Vorgehensmodelle im
Forschungskontext der industriellen Dienstleistungen 37

Tabelle 7: Vergleich der herangezogenen Vorgehensmodelle im
Forschungskontext des maschinellen Lernens 38

Tabelle 8: Informationsqualitätsmerkmale 44

Tabelle 9: Übersicht der Aufgaben der einzelnen Phasen I 50

Tabelle 10: Übersicht der Aufgaben der einzelnen Phasen II 51

Tabelle 11: Übersicht der Qualitätseigenschaften 53

Tabelle 12: Übersicht der verfeinerten Qualitätseigenschaften 54

Tabelle 13: Evaluation der Qualität des konzipierten Vorgehensmodells 56

Tabelle 14: Evaluation der pragmatischen Qualität des konzipierten
Vorgehensmodells 57

Abkürzungsverzeichnis

CBM	Condition-Based Maintenance
CRISP-DM	Cross-Industry-Standard-Process-for-Data-Mining
F	Forschungsfragen
KDD	Knowledge-Discovery-in-Databases
KI	künstliche Intelligenz
ML	maschinelles Lernen
SCM	Supply-Chain-Management
SLA	Service-Level-Agreement
TL	tiefes Lernen
VI	vorausschauende Instandhaltung

1 Einleitung

In der heutigen Zeit stehen Unternehmen vor zahlreichen Herausforderungen. Sie müssen sich ständig mit neuen politischen, wirtschaftlichen und gesellschaftlichen Entwicklungen auseinandersetzen und dazu befinden sie sich mitten in der nächsten industriellen Revolution. Der Begriff ‚Industrie 4.0' ist allgegenwärtig.

Mit diesem Begriff ziehen weitere Herausforderungen in die Unternehmenswelt ein. Dazu zählen die Vernetzung von Maschinen oder Sensoren, das Thema Blockchain sowie der Einsatz von künstlicher Intelligenz (KI). Für Unternehmen ist es von Bedeutung, sich einen Überblick zu den Entwicklungen zu verschaffen, um den Anschluss nicht zu verlieren. Unternehmen aus der Industrie setzen sich daher zunehmend mit dem Thema KI auseinander und erkennen Potenziale für ihre eigenen Dienstleistungen.

Eine Einsatzmöglichkeit von KI bietet bspw. der Bereich des Supply-Chain-Managements (SCM). Mithilfe der KI können Unternehmen umfangreiche und vielfältige Datensätze aus unterschiedlichen Quellen wie z. B. aus Sensoren an Kundenstandorten, Endverbrauchergeräten etc. verarbeiten, um eine bessere Transparenz innerhalb der Lieferkette zu erreichen (vgl. Accenture 2018). Untersuchungen zeigen, dass maschinelle Lernalgorithmen in allen Phasen der Lieferkette, aber hauptsächlich bei der Planung von Transportaktivitäten verwendet werden (vgl. Bousqaoui, Achchab und Tikito 2017, 5).

Einen weiteren Anwendungsfall stellt der Bereich der Instandhaltung bzw. Wartung dar. Durch den Einsatz von KI lässt sich die Anlagennutzung nachweislich verbessern, da Wartungsarbeiten vorausschauend durchführbar sind (vgl. McKinsey 2017, 8). Untersuchungen zeigen zudem, dass KI Unternehmen aus der Industrie dabei unterstützt, die Auslastungsraten der Maschinen zu maximieren (vgl. Plastino und Purdy 2018, 18).

Beide Anwendungsbereiche verwenden KI in Form von maschinellem Lernen (ML). Durch den Einsatz von ML kann im Bereich SCM, wie bereits erwähnt, eine höhere Transparenz der Lieferkette erzielt werden. Im Bereich der vorausschauenden Instandhaltung (VI) unterstützt ML die menschliche Entscheidungsfindung, indem es Muster in Fabrikdaten entdeckt, die dem Menschen verborgen bleiben (vgl. Harvard Business Review 2016). Weitere Untersuchungen zeigen, dass der Einsatz von ML im Servicebereich der Instandhaltung, die Wartung und Auslastung von Anlagen verbessert (vgl. Li, Hongfei et al. 2014, 25).

Die genannten Studien (s. o.) belegen die Bedeutung von KI bzw. ML für die Industrie. Allein für die Bereiche SCM und VI ergeben sich durch den Einsatz von ML Vorteile für Unternehmen. Es liegen allerdings Ursachen vor, die zum Scheitern von KI- oder ML-Projekten führen. Das Problem besteht häufig darin, dass Unternehmen oft ohne vorherige Planung und definierte Prozesse Projekte durchführen (vgl. Gartner 2017). Zudem scheitern ML-Projekte oft daran, dass sich beim Anwenden von ML eine Reihe von Problemen ergeben. Diese Probleme sind in der Regel unvorhersehbar, können nur mit einem hohen Kostenaufwand gelöst werden und führen direkt zum Ausfall. Herausforderungen im Rahmen von ML-Projekten stellen z. B. der Umgang mit Big Data oder die Korrektheit der Ergebnisse dar (vgl. Dyck 2018, 423 f.).

Es ist daher für die erfolgreiche Umsetzung von IT-Projekten zu empfehlen, ein Vorgehensmodell zu verwenden. Dieses bietet die Beschreibung eines koordinierten Ansatzes bei der Durchführung des Projekts und definiert sowohl die Eingabe, die für die Ausführung einer Tätigkeit erforderlich ist, als auch die Ausgabe, die als Ergebnis einer Aktivität erzeugt wird (vgl. Marquardt 2003, 921). Zudem werden durch die Anwendung eines Vorgehensmodells Prozesse im Projekt transparenter, planbarer und kontrollierbarer, was sich wiederum positiv auf die Qualität der Ergebnisse des Projekts auswirkt.

Die Probleme bei ML-Projekten liegen somit einerseits in einem Mangel an Vorgehensmodellen und andererseits in der Komplexität sowie der Verarbeitung erheblicher Datenmengen. Um diese Probleme systematisch und zielgerichtet angehen zu können, bedarf es eines Vorgehensmodells, das Unternehmen bei dieser Herausforderung einen grundsätzlichen Plan und definierte Prozesse zur Verfügung stellt und zudem die genannten Problemfelder adressiert. Die Verwendung des Vorgehensmodells muss unabhängig vom jeweiligen Anwendungsfall erfolgen, um so eine Grundlage für unterschiedliche KI- bzw. ML-Projekte zu erhalten.

Es wird deutlich, dass die Entwicklung eines Vorgehensmodells für ML-Projekte eine untergeordnete Rolle spielt. Daraus ergibt sich eine Forschungslücke, die im Zuge der vorliegenden Arbeit bearbeitet werden soll. Ziel ist die Konzeption eines Vorgehensmodells zur Einführung von ML in industriellen Dienstleistungen.

Im Rahmen einer Literaturstudie wird der Forschungsstand im Hinblick auf bestehende Vorgehensmodelle zur Einführung von ML in industriellen Dienstleistungen dargestellt. Anschließend werden Vorgehensmodelle analysiert, die zur Konzeption des Vorgehensmodells herangezogen werden können. Dabei orientiert sich diese Arbeit an folgender Leitfrage: Wie muss ein Vorgehensmodell konzipiert sein, um eine erfolgreiche Einführung von maschinellem Lernen in industriellen Dienstleistungen zu ermöglichen? In diesem Kontext sollen darüber hinaus folgende weitere Forschungsfragen (F) untersucht werden:

- F1: Welche Ansätze, Rahmenwerke oder Vorgehensmodelle aus der wissenschaftlichen Literatur können für die Einführung von maschinellem Lernen in industriellen Dienstleistungen herangezogen werden?
- F2: Wie lassen sich die relevanten Ansätze, Rahmenwerke oder Vorgehensmodelle analysieren und vergleichen?
- F3: Wie können die Erkenntnisse aus herangezogenen Vorgehensmodellen zusammengeführt werden, um ein wissenschaftlich fundiertes Vorgehensmodell zur Einführung von ML in industriellen Dienstleistungen zu konzipieren?
- F4: Wie lässt sich das neu konzipierte Vorgehensmodell evaluieren?

Zur Beantwortung der Forschungsfragen ist die Arbeit in fünf Kapitel gegliedert. In der Einleitung wird die Forschungslücke beschrieben und die Zielsetzung dargestellt. Außerdem beinhaltet die das erste Kapitel den Aufbau der Arbeit.

Im Grundlagenteil wird ein umfassender Wissenstand zum Themenbereich KI und ML aufgebaut. Auch der Industriebegriff sowie industrielle Dienstleistungen werden abgegrenzt. Des Weiteren wird der Begriff Vorgehensmodell abgegrenzt, ein Modelltyp für die Konzeption des Vorgehensmodells vorgestellt und der aktuelle Forschungsstand zu Vorgehensmodellen im dargestellten Forschungskontext aufgearbeitet und vorgestellt.

Im ersten Hauptteil der Arbeit werden zunächst die Anforderungen an das Vorgehensmodell vorgestellt und anschließend die verwendeten Vorgehensmodelle beschrieben, analysiert und verglichen.

Der zweite Hauptteil der Arbeit beschreibt die Konzeption des Vorgehensmodells. Dazu werden die Ergebnisse aus dem vorangegangenen Teil berücksichtigt und die Vorüberlegungen zum Vorgehensmodell dargestellt. Anschließend folgt die Herleitung des Modells. In diesem Abschnitt erfolgt zudem die Evaluierung des neu konzipierten Vorgehensmodells.

Das abschließende Kapitel beginnt mit der Zusammenfassung der Arbeit. Die kritische Würdigung veranschaulicht die Einschränkungen und Probleme des Vorgehensmodells. Die Arbeit schließt mit einem Ausblick.

Nach der Darstellung der Problemstellung und Zielsetzung sowie des Aufbaus dieser Arbeit befasst sich das nachfolgende Kapitel mit den für den weiteren Verlauf erforderlichen Begriffsdefinitionen.

2 Begriffliche Grundlagen und Forschungsstand zu relevanten Vorgehensmodellen

Im Rahmen dieser Arbeit erfolgt die Konzeption eines Vorgehensmodells zur Einführung von ML in industriellen Dienstleistungen. Zunächst sollen jedoch in diesem Kapitel die begrifflichen Grundlagen der Arbeit festgelegt und der Forschungsstand zur dargestellten Herausforderung aufgearbeitet werden. Im ersten Abschnitt wird in einem ersten Schritt der Industrie- und Dienstleistungsbegriff definiert. Daraufhin wird im zweiten Abschnitt der Begriff KI eingeordnet und vom Teilbereich ML abgegrenzt. Der letzte Abschnitt befasst sich zunächst mit den Grundlagen zu Vorgehensmodellen, um anschließend den Forschungsstand zu Vorgehensmodellen zur Integration von ML in industriellen Dienstleistungen aufzuzeigen. Zielsetzung des Kapitels ist einerseits die Abgrenzung der verwendeten Hauptbegriffe, um so ein einheitliches Verständnis für die Arbeit zu erhalten. Andererseits veranschaulicht das Kapitel den Forschungsstand zu Vorgehensmodellen zur Integration von ML in industriellen Dienstleistungen.

2.1 Industrieunternehmen und deren Dienstleistungen

In diesem Abschnitt werden die Begriffe ‚Industrieunternehmen' und ‚industrielle Dienstleistungen' definiert. Ziel ist es, einen Überblick zu den auseinandergehenden Definitionen zu veranschaulichen und daraus die entsprechenden Definitionen für die Arbeit abzuleiten. Zunächst wird der Industriebegriff abgegrenzt und werden die Eigenschaften von Industrieunternehmen vorgestellt. Anschließend wird der Begriff ‚Dienstleistungen' definiert.

2.1.1 Eigenschaften von Industrieunternehmen

Um eine Definition für den Begriff ‚Industrie' festzulegen, orientiert sich die Arbeit an nachfolgendem Ansatz nach *Schweitzer* (1994). Demzufolge ist unter dem Begriff ‚Industrie' die gewerbliche Sachgüterproduktion im Fabriksystem zu verstehen (vgl. Schweitzer 1994, 19).

Des Weiteren stellt sich die Frage, was unter einer Unternehmung zu verstehen ist. In der Literatur und im Rechtswesen bestehen zahlreiche unterschiedliche Ansätze und Einordnungen zu diesem Begriff. *Känel* (2018) beschreibt Unternehmen bzw. Unternehmungen als marktwirtschaftlich handelnde Wirtschaftseinheiten, die wirtschaftlich und juristisch selbstständig sind und die über eine ausreichende, auf eingebrachten bzw. erwirtschafteten Eigenmitteln basierende finanzielle Eigenständigkeit verfügen (vgl. Känel 2018, 15).

Nach Darstellung der einzelnen Begriffe ‚Industrie' und ‚Unternehmung' folgt die Definition des Begriffs ‚Industrieunternehmen' für diese Arbeit, die sich ebenfalls an *Schweitzer* (1994) orientiert. Eine Industrieunternehmung ist demnach eine technische, soziale, wirtschaftliche und umweltbezogene Sektion der gewerblichen Sachgüterproduktion im Fabriksystem mit der Herausforderung der Fremdbedarfsdeckung, selbstständigen Entscheidungen und eigenen Risiken (vgl. Schweitzer 1994, 20).

Das bedeutet, dass Industrieunternehmen Sachgüter wie z. B. Maschinen an Kunden verkaufen, die mit diesen Maschinen wiederum Güter produzieren, um diverse Bedürfnisse zu befriedigen. Dafür ist es entscheidend, dass die Maschinen zuverlässig arbeiten. Darüber hinaus bieten Industrieunternehmen ihren Kunden weitere Dienstleistungen wie z. B. Wartungsarbeiten an, um Ausfallzeiten zu minimieren. Eine genauere Betrachtung des Dienstleistungsbegriffs folgt im nächsten Unterkapitel.

2.1.2 Charakterisierung industrieller Dienstleistungen am Beispiel vorausschauender Instandhaltung

Warum Dienstleistungen auch für industrielle Unternehmen von Bedeutung sind, zeigen Untersuchungen zu Dienstleistungen im industriellen Umfeld. So ergab die Untersuchung von *Huimin, Yezhuang und Yang* (2011), dass sich die Wettbewerbsfähigkeit und Geschäftsleistung von Unternehmen verbessern, die eine Dienstleistungsorientierung beinhalten – im Gegensatz zu Geschäftsmodellen, die z. B. auf Produktmontage und Komponentenfertigung basieren (vgl. Huimin, Yezhuang und Yang 2011, 4).

Eine allgemeingültige Definition des Begriffs ‚Dienstleistung' liegt nicht vor. In der Literatur überschneiden und widersprechen sich die Definitionen des Dienstleistungsbegriffs teilweise (vgl. Kleinaltenkamp 2001, 32). Zudem finden sich für Dienstleistungen von Unternehmen der Industrie unterschiedliche Bezeichnungen in der Literatur (vgl. Homburg und Garbe 1996, 255). Darüber hinaus bestehen Schwierigkeiten bei der Abgrenzung einer Dienstleistung vom Sachgut und durch die Heterogenität des Dienstleistungssektors (vgl. Engelhardt und Schwab 1982, 503).

Einen deckungsgleichen Ansatz zum Dienstleistungsbegriff sieht die Literatur in der Immaterialität und Integration des externen Faktors (vgl. Corsten 2001, 56); (Homburg und Garbe 1996, 255 ff.); (Maleri und Frietzsche 2008, 17 ff.); (Meffert und Bruhn 2009, 16 f.).

Immaterialität bedeutet, dass das Ergebnis einer Dienstleistung nicht körperlich ist (vgl. Hilke 1991, 13). Der Begriff ‚Immaterialität' ist eng mit dem Begriff ‚Intangibilität' verbunden, woraus sich weitere Eigenschaften ergeben. Dienstleistungen sind nicht hör-, sicht- oder fühlbar (vgl. Zeithaml, Bitner und Gremler 2006, 4). Dies hat zur Folge, dass die Kunden den Kauf von Dienstleistungen als risikoreicher empfinden als den Kauf von Sachgütern (vgl. Haller 2010, 7).

Eine weitere Eigenschaft von Dienstleistungen ist die Integration des externen Faktors. Ohne die Mitwirkung eines Kunden ist es nicht möglich, eine Dienstleistung zu erbringen (vgl. Engelhardt, Kleinaltenkamp und Reckenfelderbäumer 1993, 403). Der Kunde teilt dem Dienstleistungsgeber bspw. mit, welche Dienstleistung beauftragt wird, welche Spezifikationen eine Anlage hat oder wer für eine Anlage verantwortlich ist. Das Ausmaß der Mitwirkung des Kunden variiert abhängig von der beauftragten Dienstleistung (vgl. Maleri und Frietzsche 2008, 105).

Die o. g. Studien zeigen das uneinheitliche Bild zum Begriff ‚Dienstleistung'. Für diese Arbeit gilt die nachfolgende Definition nach *Homburg und Garbe* (1996), die auf industrielle Dienstleistungen ausgerichtet ist. Demnach sind Dienstleistungen im industriellen Kontext als immaterielle Leistungen zu verstehen, die ein Hersteller von Investitionsgütern seinen Kunden zur Steigerung des Absatzes seiner Sachgüter anbietet (vgl. Homburg und Garbe 1996, 255).

Um die Definition des Dienstleistungsbegriffs anhand der Services der VI zu veranschaulichen, wird zunächst der Begriff der VI definiert, um VI anschließend auf Grundlage der Dienstleistungsbestandteile ‚Immaterialität' und ‚Integration des externen Faktors' zu erläutern.

Zum Begriff ‚VI' bietet die Literatur ebenfalls keine einheitliche Definition (vgl. Mobley 2002, 4). VI wird auch als Condition-Based Maintenance (CBM), Online Monitoring oder Risk-Based Maintenance bezeichnet (vgl. Hashemian und Bean 2011, 3480). Um eine Definition festzulegen, orientiert sich diese Arbeit an den nachfolgenden zwei Ansätzen.

Nach *Jardine, Lin und Banjevic* (2006) handelt es sich bei CBM bzw. VI um ein Wartungsprogramm, das Wartungsmaßnahmen basierend auf den Informationen empfiehlt, die durch die Zustandsüberwachung erfasst werden. VI versucht demnach unnötige Wartungsaufgaben zu vermeiden, indem Wartungsmaßnahmen nur dann ergriffen werden, wenn ein abweichendes Verhalten eines physischen Guts vorliegt (vgl. Jardine, Lin und Banjevic 2006, 1484).

7

Der zweite Ansatz nach *Krishnamurthy et al.* (2005) bildet VI als allgemeinen Begriff ab, der auf Technologien angewendet wird, um den Zustand eines in Betrieb stehenden Ausrüstungsgegenstands (z. B. einer Anlage) zu überwachen und zu bewerten. VI ermöglicht es so dem Benutzer, die meisten bevorstehenden Ausfälle im Voraus zu erkennen, solange die Analyse mit ausreichender Häufigkeit durchgeführt wird (vgl. Krishnamurthy et al. 2005, 64).

Aus diesen Definitionen ergibt sich, dass VI als Dienstleistung zu bewerten ist. Ziel von VI ist es demnach, Ausfälle von Anlagen zu vermeiden, indem proaktiv Wartungsmaßnahmen eingeleitet werden. Dies hat für den Kunden eine höhere Verfügbarkeit der Anlage zur Folge. Die Verfügbarkeit der Anlage stellt den immateriellen Bestandteil einer Dienstleistung dar. Der zweite Bestandteil, die Integration des externen Faktors, ist Voraussetzung für den Service der VI, da der Kunde dem Dienstleister bspw. die Zustandsdaten der Anlage zur Verfügung stellen muss. Im nächsten Schritt sollen die Begriffe ‚KI' und ‚ML' betrachtet werden.

2.2 Künstliche Intelligenz und maschinelles Lernen

Die Begriffe ‚KI' und ‚ML' gewinnen in sämtlichen Branchen zunehmend an Bedeutung, so auch in der Industrie. In diesem Unterabschnitt werden zunächst die Begriffe ‚KI' und ‚ML' erläutert. Ziel ist es, den Begriff ‚KI' einzuordnen und anschließend ML zu beschreiben. Um den Bereich ML detailliert zu betrachten, erfolgt eine Veranschaulichung des überwachten Lernens.

2.2.1 Einordnung und Definition des Begriffs ‚künstliche Intelligenz'

Wie bei den vorangegangenen Begriffen bestehen auch für den Begriff ‚KI' verschiedene Ansätze, nach denen KI definiert werden kann. Bevor ausgewählte Definitionen veranschaulicht werden, erfolgt eine kurze Einführung zu den Begriffen ‚künstlich' und ‚Intelligenz'.

Der Begriff ‚künstlich' umfasst allgemein ein Abbild, das nach einem natürlichen Vorbild angelegt, gefertigt oder geschaffen wird. Dieses Abbild wird mit chemischen und technischen Mitteln nachgebildet. Erfolgreich umgesetzte Beispiele dafür sind künstliche Organe oder Lichtquellen. Die Schaffung einer künstlichen Intelligenz befindet sich dagegen noch in der Entwicklung. Bekannte Beispiele stellen Watson (IBM) oder der Google Assistant (Alphabet bzw. Google) dar.

Unter dem Begriff ‚Intelligenz' finden sich in der Literatur zahlreiche Ansätze und Definitionen. *Kail und Pellegrino* (1989) stellen heraus, dass dem Begriff ‚Intelli-

8

genz' in der Literatur zwei unterschiedliche Kerngedanken zugrunde liegen. Zum einen wird dieser in Zusammenhang mit intelligenten Handlungen, zum anderen mit geistigen Prozessen verwendet (vgl. Kail und Pellegrino 1989, 12).

Darüber hinaus liegen konkrete Bedeutungen des Begriffs ‚Intelligenz' vor. Intelligenz lässt sich demnach als Erkenntnisvermögen, als Urteilsfähigkeit oder als das Erfassen von Möglichkeiten beschreiben. Intelligenz umfasst zudem auch die Fähigkeit, Zusammenhänge zu begreifen und Einsichten zu gewinnen sowie über eine geistige Auffassungskraft zu verfügen (vgl. Westhoff 1985, 33 f.).

Nach Erläuterung der Begriffsbestandteile ‚künstlich' und ‚Intelligenz' erfolgt ein Überblick der Definition des Begriffs ‚KI'. Nach *Simmons und Chappell* (1988) ist unter dem Begriff ‚KI' zu verstehen, dass sich das Verhalten einer Maschine als intelligent bezeichnen lässt, wenn diese sich analog zu einem Menschen verhält (vgl. Simmons und Chappell 1988, 14). Diese Definition zielt demzufolge auf die Verhaltensweisen von Mensch und Maschine ab.

Winston (1992) hingegen hebt speziell das Berechnungspotenzial hervor und sieht KI demnach als das Studium der Berechnungen, die es ermöglichen, zu verstehen, zu argumentieren und zu handeln (vgl. Winston 1992, 5).

Der Ansatz nach *Nilsson* (2003) fokussiert sich auf das Verhalten und beschreibt KI als intelligentes Verhalten in Artefakten, d. h. als Wahrnehmen, Argumentieren, Lernen, Kommunizieren und Handeln in komplexen Umgebungen (vgl. Nilsson 2003, 1).

Darüber hinaus bietet *Rich* (1988) einen vereinfachten Ansatz, der allerdings langfristig gilt. KI stellt dem Autor zufolge die Studie darüber dar, wie Computer dazu gebracht werden können, Dinge zu tun, bei denen Menschen im Moment besser sind (vgl. Rich 1988, 1).

Diese knappe Aufzählung verdeutlicht die vielfältigen Abgrenzungen zum Begriff ‚KI' in der Literatur. Zur Festlegung einer Definition für diese Arbeit soll der Ansatz nach *Lämmel und Cleve* (2012) herangezogen werden. Demnach ist KI ein Teilgebiet der Informatik, das versucht, menschliche Arbeitsweisen der Problemlösung auf Datenverarbeitungsanlagen nachzubilden, um auf diesem Wege neue oder effizientere Lösungen für Aufgaben zu erreichen (vgl. Lämmel und Cleve 2012, 13).

Die Eignung dieses Ansatzes ergibt sich aus dem Versuch, einerseits menschliche Arbeitsweisen nachzubilden und andererseits effizientere Lösungen für Aufgabenstellungen zu erhalten. In Kapitel 2.1.2 wurde der Begriff ‚industrielle Dienstleistung' am Beispiel der VI dargestellt. In diesem Zusammenhang besteht ebenfalls das Ziel, mittels einer KI bessere bzw. effizientere Lösungen im Bereich der Instandhaltung zu erzielen.

Nachdem eine Definition für den Begriff ‚KI' vorliegt, folgt die Einordnung der Begriffe ‚KI', ‚ML' sowie ‚Deep Learning' bzw. ‚tiefes Lernen' (TL). Bei KI handelt es sich um einen Begriff, der auf algorithmische Lösungen für komplexe Probleme hinweist (vgl. Chio und Freeman 2018, Kapitel 1). Daraus ergibt sich, dass sich der Begriff ‚KI' als Oberbegriff klassifizieren lässt. Das Themenfeld ML ist ein zentraler Baustein der KI, da dieses Vorhersagen liefert (vgl. Chio und Freeman 2018, Kapitel 1). Zum Beispiel müssen Objekte bewertet werden, um vorherzusagen, wann ein Objekt ausfällt. Ein weiterer Begriff, der oft im Kontext von ML verwendet wird, ist TL. Dabei handelt es sich um eine Teilmenge von ML, bezogen auf eine bestimmte Klasse von mehrschichtigen Modellen, die Schichten einfacherer statistischer Komponenten verwenden, um Daten darzustellen (vgl. Chio und Freeman 2018, Kapitel 1). Abbildung 1 zeigt die Klassifizierung und Zusammenhänge zwischen den Begriffen ‚KI', ‚ML' und ‚TL'. Demnach ist KI als Oberbegriff zu verstehen, der das Themenfeld ML umfasst, dem wiederum der Bereich TL zugeordnet werden kann.

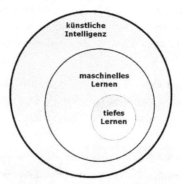

Abbildung 1: Einordnung der Begriffe ‚künstliche Intelligenz', ‚maschinelles Lernen' und ‚tiefes Lernen'
Quelle: Eigene Darstellung in Anlehnung an *Chio und Freeman* (2018), Kapitel 1

Die Abgrenzung des Begriffs ‚KI' zeigt, wie vielfältig die Definitionen ausgeprägt sind. Diese Arbeit orientiert sich am Ansatz nach *Lämmel und Cleve* (2012), da dieser insbesondere auf die Nachbildung von Arbeitsabläufen abzielt, um diese effektiver zu gestalten. Nachdem eine Definition für den Begriff ‚KI' vorliegt und die Begriffe ‚KI‘, ‚ML‘ und ‚TL‘ eingeordnet wurden, folgt die Definition des Begriffs ‚ML‘.

2.2.2 Maschinelles und überwachtes Lernen als Bestandteil von industriellen Dienstleistungen

Auch zum Begriff ‚ML‘ bestehen in der Literatur zahlreiche unterschiedliche Definitionen. Kernelement von ML stellt dabei die Lernfähigkeit eines Computers dar, die unabhängig von Programmcodes gegeben ist.

Gemäß *Mitchell* (1997) lässt sich ML demnach als ein Computerprogramm beschreiben, das aus der Erfahrung E in Bezug auf eine Klasse von Aufgaben T und Leistungsmaß P lernt, wenn seine Leistung bei Aufgaben in T, wie durch P gemessen, sich mit der Erfahrung E verbessert (vgl. Mitchell 1997, 2).

Als Beispiel führt der Autor Schach an, dies lässt sich jedoch auch anhand der in Kapitel 2.1.2 vorgestellten Dienstleistung VI erläutern. Für den Service der VI ergibt sich z. B. die Aufgabe T, Ausfallzeiten von Bauteilen einer Anlage zu bestimmen. Dazu ist eine Erfahrung E bzgl. der Lebensdauer von Bauteilen einer Anlage erforderlich. Die korrekt eingeschätzte Lebensdauer zeigt die Leistungsmessung P an. Wenn nun ein Computer auf Grundlage der Erfahrungen (E) die Lebensdauer von Bestandteilen einer Anlage besser einschätzt und somit den Prozentsatz (P) erhöht, so hat im Hinblick auf die Lebensdauer eines Bestandteils einer Anlage (Aufgabe T) ein Lernprozess stattgefunden.

Die Literatur setzt oft die Begriffe ‚ML‘ und ‚Data Mining‘ gleich oder verknüpft diese (vgl. Witten et al. 2017, 4 ff.). Um für den Begriff ‚Data Mining‘ eine Definition festzulegen, orientiert sich diese Arbeit an nachfolgendem Ansatz nach *Mitchell* (1999). Demnach befasst sich der Bereich Data Mining mit der Frage, wie historische Daten am besten genutzt werden können, um allgemeine Regelmäßigkeiten aufzudecken und den Entscheidungsprozess zu verbessern (vgl. Mitchell 1999, 31). In der Literatur herrscht zudem Einigkeit darüber, dass aus historischen Daten Erkenntnisse zu gewinnen sind, um den Entscheidungsprozess zu verbessern.

Gemäß *Russell und Norvig* (2012) lassen sich vier Typen des maschinellen Lernens unterscheiden: überwachtes Lernen, nicht überwachtes Lernen, halb überwachtes Lernen sowie verstärkendes Lernen (vgl. Russell und Norvig 2012, 811).

Studien zeigen, dass sich VI anhand des überwachten Lernens umsetzen lässt (vgl. Cipollini et al. 2018, 274 ff.); (vgl. Kampker et al. 2018, 196 ff.). Da bereits industrielle Dienstleistungen am Beispiel von VI dargestellt wurden und sich das überwachende Lernen zur Umsetzung von VI heranziehen lässt, erfolgt nun eine kurze Einführung zum überwachten Lernen.

Überwachende Algorithmen werden zur Erkennung von Anomalien in Datensätzen eingesetzt. Bei der Anomalie-Erkennung handelt es sich um einen Prozess, im Zuge dessen Ausreißer im Datensatz gefunden werden. Als Ausreißer sind Datenobjekte zu verstehen, die sich von anderen Datenobjekten abheben und nicht dem erwarteten Verhalten in einem Datensatz entsprechen (vgl. Kotu und Deshpande 2015, 329). Zusammengefasst hat das überwachende Lernen die Aufgabe, aus Trainingsbeispielen, die sich aus Eingaben-Ausgaben-Paaren zusammensetzen, eine Funktion abzuleiten, die eine Zuweisung von Eingaben zu Ausgaben vornimmt (vgl. Russell und Norvig 2012, 811).

Das überwachte Lernen lässt sich anhand der Wetter-Problematik nach *Witten et al.* (2017) veranschaulichen. In diesem Beispiel ist eine Menge an Instanzen gegeben, die mit den Eingabe-Attributen Aussicht, Temperatur, Luftfeuchtigkeit und Windstärke in Beziehung stehen. Das Zielattribut stellt dabei die Information dar, ob es möglich ist, ein Spiel zu spielen oder nicht. Dies wird anhand einer Zuweisung gelernt, aus der die Gegebenheiten im Hinblick auf Aussicht, Temperatur, Luftfeuchtigkeit und Windstärke abgeleitet werden. Auf Grundlage der Information ergibt sich die Empfehlung, ob der Spieler das Spiel aufnehmen sollte oder nicht (vgl. Witten et al. 2017, 10 ff.).

Das Problem des überwachten Lernens lässt sich gemäß *Russell und Norvig* (2012) formal wie nachfolgend beschrieben darstellen. Gegeben ist eine Trainingsmenge mit N Beispielen, die jeweils aus den Eingabe-/Ausgabe-Paaren $(x_1, y_1), (x_2, y_2), ..., (x_N, y_N)$ bestehen. Jedes y_j wurde durch eine unbekannte Funktion $y = f(x)$ generiert. Es ist eine Funktion h zu finden, die sich der wahren Funktion f annähert (vgl. Russell und Norvig 2012, 811).

In diesem Unterabschnitt wurde der Begriff ‚ML' abgegrenzt und gezeigt, dass insbesondere das überwachte Lernen für industrielle Dienstleistungen im Bereich VI von Bedeutung ist.

Die vorangegangenen Abschnitte umfassten die Definitionen zu Industrieunternehmen, industriellen Dienstleistungen sowie KI und ML. Wie in der Einleitung beschrieben, scheitern ML-Projekte oftmals aufgrund von fehlenden Prozessen oder Plänen. Inwiefern ein Mangel an Vorgehensmodellen zur Einführung von ML in industriellen Dienstleistungen besteht, untersucht der folgende Abschnitt.

2.3 Vorgehensmodelle zur Einführung von maschinellem Lernen in industriellen Dienstleistungen

Vorgehensmodelle sind insbesondere in der Informatik weit verbreitet. So finden in der Softwareentwicklung Wasserfallmodelle, iterative oder agile Ansätze Anwendung. Ein allgemeingültiges Vorgehensmodell zur Einführung von ML in industriellen Dienstleistungen liegt jedoch nicht vor. Der nachfolgende Abschnitt grenzt zunächst den Begriff ‚Vorgehensmodell' ab und stellt den Modelltyp vor, der für die Konzeption des Vorgehensmodells im Rahmen dieser Arbeit als Grundlage dient. Anschließend wird der aktuelle Forschungsstand zur Problemstellung aufgearbeitet.

2.3.1 Abgrenzung des Begriffs ‚Vorgehensmodell' und Auswahl des Modelltyps

Nach *Schwarze* (2000) beschreibt ein Vorgehensmodell die Art und Weise, nach der die Teilaufgaben einer Systementwicklung durchgeführt werden, wobei der Fokus vorwiegend auf die logische oder zeitliche Abfolge der Aufgaben gelegt wird (vgl. Schwarze 2000, 164).

Bei einem Vorgehensmodell handelt es sich zudem gemäß *Heinrich, Roithmayr und Heinzl* (2004) formal um den modellierten Prozess zur Lösung eines Problems (vgl. Heinrich, Roithmayr und Heinzl 2004, 704). Es ist daher sinnvoll, dass der Entwicklungsprozess in Projektphasen unterteilt wird. Diese Teilung in übersichtliche, zeitliche aufeinander folgende Teilaufgaben, die durch die Festlegung von Phasenzielen (sog. Meilensteinen) ermöglicht werden, verringert die Komplexität des IT-Projekts. Der Projektablauf lässt sich dabei in folgende fünf Phasen einteilen:

1. Vorphase: Durchführung von Vorbereitungen für das Projekt,
2. Analysephase: Analyse der Problemstellung,
3. Entwurfsphase: Konzeption eines Entwurfs,
4. Realisierungsphase: Umsetzung des Entwurfs,
5. Abschlussphase: Abschluss des Projektes (vgl. Stahlknecht und Hasenkamp 2005, 218)

In der Literatur werden zudem verschiedene Modelltypen von Vorgehensmodellen unterschieden. Die Konzeption des Vorgehensmodells in Kapitel 4.2 dieser Arbeit erfolgt auf Basis des evolutionären Modells und des Prototyping-Modells, die sich sinnvoll miteinander kombinieren lassen (vgl. Balzert 2008, 561 f.). Die Analyse von *Kiebach et al.* (1992) zu Projekten, die nach dem Prototyping-Modell vorgehen, zeigt, dass sich insbesondere in Verbindung mit einer evolutionären

13

Entwicklungsstrategie, Vorteile für die Qualität des Produkts, aber auch des Entwicklungsprozesses ergeben (vgl. Kiebach et al. 1992, 77 f.).

Die Entscheidung für die Kombination dieser beiden Modelle liegt diesen Erkenntnissen zugrunde. Positiv für den Auftraggeber ist zudem, dass dieser in kurzer Zeit einsatzfähige Produkte bzw. Prototypen erhält, die sich testen und in enger Abstimmung mit den Entwicklern optimieren lassen. Die sich dadurch verändernden Anforderungen können in den nachfolgend beschriebenen Varianten eingebunden werden. Auftragnehmer und -geber arbeiten bis zur Erreichung eines Produktes, das die Anforderungen erfüllt, an dem Projekt (vgl. Balzert 2008, 530 ff.).

Ausgangspunkte des evolutionären Prozessmodells bilden die Kern- und Mussanforderungen des Auftraggebers, die den Produktkern definieren (Definieren Version X). Dieser wird anschließend stufenweise in mehreren Iterationen entwickelt (Entwerfen Version X). Nach erfolgreicher Entwicklung der Version folgt die Implementierung der Version (Implementieren Version X). Die erste einsatzfähige Version wird als Nullversion bezeichnet und gleichzeitig als Grundlage für die weiteren Modelle verwendet (Einsatz Version X). Abbildung 2 zeigt den Ablauf des evolutionären Prozessmodells. Es bietet in den Phasen ‚Entwerfen Version X‘ und ‚Implementierung Version X‘ Rückkopplungen zur vorhergegangenen Phase. Zudem können Rückkopplungen aus der ‚Phase Einsatz Version X‘ direkt zur ersten Phase ‚Definieren Version X‘ erfolgen (vgl. Balzert 2008, 529 f.).

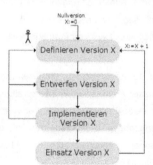

Abbildung 2: Vereinfachte Darstellung des evolutionären Prozessmodells
Quelle: Eigene Darstellung in Anlehnung an *Balzert* 2008, S. 530

Prototyping hingegen bedeutet, in einem frühen Stadium der Systementwicklung Modelle (Prototypen) des zukünftigen Anwendungssystems zu erstellen und damit zu experimentieren. Dieser Ansatz erfordert ein Verständnis der Softwareentwicklung und hat Auswirkungen auf den gesamten Entwicklungsprozess. Prototyping schafft auf der einen Seite eine Kommunikationsbasis für die Diskussion zwischen allen am Entwicklungsprozess beteiligten Gruppen. Auf der anderen Seite ermöglicht es eine Herangehensweise an das Software-Design basierend auf Experimenten und Erfahrungen (vgl. Budde 1992, 33 ff.).

Es lassen sich dabei mehrere Arten von Prototypen unterscheiden. Ein Ansatz, der sich auch für die Herausforderung dieser Arbeit eignet, ist der Prototyp im engeren Sinne. Dieser wird erstellt, um dem Auftraggeber bspw. die Benutzeroberfläche oder Teile der Funktionen vorzustellen. Es handelt sich dabei um ein provisorisches ablauffähiges Softwaresystem (vgl. Balzert 2008, 539).

Vorgehensmodelle beschreiben die Tätigkeiten, die im Rahmen eines Projekts durchzuführen sind und legen darüber hinaus den Projekt-Rahmen von der Vor- bis zur Abschlussphase fest. Dies gilt ebenso für Projekte, die die Einführung von ML in industriellen Dienstleistungen betreffen. Für diese Arbeit wird eine Kombination aus dem evolutionären und dem Ansatz des Prototyping als Grundlage für die Konzeption des Vorgehensmodells verwendet, da sich so die Qualität des Produkts verbessern lässt, was für die betrachtete komplexe Herausforderung erforderlich ist.

2.3.2 Relevante Vorgehensmodelle, Ansätze und Rahmenwerke im Forschungskontext

Dieser Unterabschnitt geht auf bereits bestehende Vorgehensmodelle zur Einführung von ML in industriellen Dienstleistungen ein. Ziel ist es zu begründen, inwiefern die Modelle für diese Arbeit von Relevanz sind. Eine detaillierte Beschreibung und Analyse der Modelle erfolgen in Kapitel 3.3.

In der Literatur liegen zwei für diese Arbeit relevante Ansätze zur Integration von ML bzw. KI in die industrielle Dienstleistung VI vor. *Mushiri, Hungwe und Mbohwa* (2017) stellen ein auf KI basierendes Modell zur Optimierung der herkömmlichen Instandhaltungsstrategien vor. Die Roadmap des Modells zeigt die einzelnen Schritte, die notwendig sind, um KI im Bereich der Instandhaltung zu integrieren: Optimierung der aktuellen Wartungsstrategien, Einführung VI, Implementierung VI, kontinuierliche Verbesserung (vgl. Mushiri, Hungwe und Mbohwa 2017, 1485 ff.). *Nienke et al.* (2017) hingegen gehen nach einem Reifegrad-Modell vor, um VI im Bereich des Energiemanagements 4.0 zu implementieren. Dabei werden die Schritte Sichtbarkeit, Transparenz, Prognostizierbarkeit und Selbstoptimierung vorgenommen (vgl. Nienke et al. 2017, 6).

Auch wenn sich diese beiden Modelle auf die Integration von KI in den Bereich Instandhaltung fokussieren, so umfassen die einzelnen Schritte dieser Modelle

15

jedoch nicht die in Kapitel 2.3.1 vorgestellten Phasen eines Vorgehensmodells. Aus diesem Grund sollen im Folgenden Vorgehensmodelle betrachtet werden, die ebenfalls als Grundlage für die Konzeption eines Vorgehensmodells zur Einführung von ML in industriellen Dienstleistungen dienen können und zugleich die Phasen der Vor- bis Abschlussphase beinhalten. Dafür eignen sich Vorgehensmodelle aus dem Bereich der Dienstleistungsentwicklung und Modelle zum Bereich ML.

Zunächst werden bestehende Vorgehensmodelle zur Dienstleistungsentwicklung auf ihre Eignung geprüft. Die Studie von *Freitag* (2013) zeigt, dass die Kombination von Sachgütern und Dienstleistungen für produzierende Unternehmen zunehmend von Bedeutung ist, um neue Geschäfts- und Industriemodelle zu finden. Das vorgeschlagene Prozessmodell umfasst sieben Phasen, von der Service-Idee bis zur Service-Evolution. Zudem handelt es sich um ein Vorgehensmodell, das auf die Industrie ausgerichtet ist, um Dienstleistungen aufzubauen und einzuführen (vgl. Freitag 2013, 33 ff.). Dieses Modell ist somit von Relevanz für diese Arbeit, da industrielle Dienstleistungen betrachtet werden und sämtliche Schritte von der Idee bis zur Evolution enthalten sind, die sich den beschriebenen Phasen in Kapitel 2.3.1 zuordnen lassen.

Als weiteres Modell ist das Service-Engineering-Modell nach *Luczak et al.* (2006) für die Gestaltung von Industriedienstleistungen zu nennen. Das Modell umfasst die Dienstleistungsplanung, -konzeption und -umsetzung. Die Ergebnisse der einzelnen Phasen sind die formulierte und ausgewählte Dienstleistungsidee, das umsetzbare Gesamtkonzept, sowie die Einführung der neuen Dienstleistung (vgl. Luczak et al. 2006, 444 ff.). Das Modell ist ebenso auf die Entwicklung industrieller Dienstleistungen ausgerichtet und somit relevant für den Bereich der Dienstleistungsentwicklung.

Des Weiteren sollen Modelle zur Lösung von ML-Problemen herangezogen werden. Dazu zählt bspw. das Cross-Industry-Standard-Process-for-Data-Mining (CRISP-DM)-Modell nach *Shearer* (2000). Es organisiert den Data-Mining-Prozess in sechs Phasen: Geschäftsverständnis, Daten verstehen, Datenaufbereitung, Modellierung, Bewertung und Bereitstellung. Diese Phasen unterstützen Organisationen dabei, den Data-Mining-Prozess zu verstehen und eine Roadmap bereitzustellen, die bei der Planung und Durchführung eines Data-Mining-Projekts zu beachten ist (vgl. Shearer 2000, 13). Wie in Kapitel 2.2.2 erläutert, sind die Begriffe ‚ML‘ und ‚Data Mining‘ (DM) als Synonyme zu betrachten. Da in dieser Arbeit ein ML-Problem im Vordergrund steht und der CRISP-DM-Ansatz zur Lösung von ML-Problemen geeignet ist, ist dieser für die nachfolgende Konzeption eines Vorgehensmodells ebenfalls relevant.

Ein weiteres zu berücksichtigende Modell ist das Knowledge-Discovery-in-Databases (KDD)-Modell nach *Fayyad, Piatetsky-Shapiro und Smyth* (1996). Ziel des KDD-Modells ist es, durch Wissensentdeckung in Datenbanken Muster aus großen Datenmengen zu extrahieren. Diese Muster sollten über die Eigenschaften verfügen, für einen großen Teil der Daten gültig zu sein und bisher unbekannte, potenziell nützliche und leicht verständliche Beziehungen innerhalb der Datenbank zu beschreiben (vgl. Fayyad, Piatetsky-Shapiro und Smyth 1996, 40 f.). Das Modell filtert somit Zusammenhänge aus Datenmengen heraus, die für industrielle Dienstleistungen, in die ML integriert werden soll, von hoher Bedeutung sind. Die Ergebnisse der Auswertungen bieten so einen größeren Nutzen für die Dienstleistung. Aufgrund dieser Eigenschaften des Modells ist auch der KDD-Ansatz für diese Arbeit als relevant einzustufen. Tabelle 1 fasst die vorgestellten, für diese Arbeit relevanten Ansätze nochmals zusammen.

17

Name & Jahr	Titel	Bereich	Art der Arbeit
Ansätze zur Einführung von KI bzw. ML in die Instandhaltung			
Mushiri, Hungwe, Mbohwa (2017)	An artificial intelligence based model for implementation in the petroleum storage industry to optimize maintenance	Roadmap für die Implementierung von KI in der Wartung	Konferenzbeitrag
Nienke et al. (2017)	Energy-Management 4.0: Roadmap towards the Self-Optimising Production of the Future	Einführung von VI im Energiebereich	Beitrag
Prozessmodelle zur Dienstleistungsentwicklung			
Freitag (2013)	Service Engineering and Lifecycle Management for IT-Services	Dienstleistungsentwicklung Industrie	Studie
Luczak et al. (2006)	Service Engineering industrieller Dienstleistungen	Dienstleistungsentwicklung Industrie	Beitrag
Modelle zum Bereich Machine Learning			
Shearer (2000)	The CRISP-DM Model: The New Blueprint for Data Mining	Data-Mining-Prozessmodell	Zeitschriftenartikel
Fayyad, Piatetsky-Shapiro, Smyth (1996)	From Data Mining to Knowledge Discovery in Databases	Data Mining und Wissenserkennung in Datenbanken	Zeitschriftenartikel

Tabelle 1: Überblick über Forschungsarbeiten zum Forschungskontext
Quelle: Eigene Darstellung, 2018

Der Forschungsstand umfasst insgesamt sechs Ansätze, die für die vorliegende Arbeit relevant sind. Es liegt jedoch zum Zeitpunkt des Verfassens dieser Arbeit kein Vorgehensmodell vor, dass die Herausforderung dieser Arbeit umfassend betrachtet. Dieser Abschnitt veranschaulichte darüber hinaus den Begriff ‚Vorgehensmodell' und legte einen Modelltyp für die Konzeption des Vorgehensmodells fest. Zusammengefasst enthält Kapitel 2 die Begriffsdefinitionen der Arbeit und zeigt den aktuellen Forschungsstand auf. Die vorgestellten Modelle in Kapitel 2.3.2 werden im folgenden Kapitel detailliert beschrieben, analysiert und verglichen, um eine Grundlage für die Konzeption eines Vorgehensmodells zu legen.

3 Analyse von Vorgehensmodellen

Im vorangegangenen Kapitel wurden die relevanten Vorgehensmodelle zur Einführung von ML in industriellen Dienstleistungen aufgezeigt. Bevor die Konzeption eines Vorgehensmodells erfolgt, werden in diesem Kapitel die vorgestellten Modelle beschrieben, und analysiert und miteinander verglichen. Dazu unterteilt sich das Kapitel in vier Abschnitte. Zunächst wird die Methodik zur Analyse der Vorgehensmodelle vorgestellt. Der zweite Abschnitt umfasst das Rahmenwerk zu Analyse und Vergleich der herangezogenen Modelle, die im dritten Abschnitt beschrieben und analysiert werden. Im letzten Abschnitt werden die analysierten Modelle anhand des im zweiten Abschnitt erarbeiteten Rahmenwerks verglichen, um Erkenntnisse für die nachfolgende Konzeption des Vorgehensmodells zu gewinnen. Zielsetzung des Kapitels ist es somit, einerseits ein Rahmenwerk für die Bewertung die herangezogenen Vorgehensmodelle zu entwickeln und andererseits anschließend Erkenntnisse für die Konzeption des Vorgehensmodells in Kapitel 4.2 aus der Analyse der Modelle abzuleiten.

3.1 Methodik zur Analyse der betrachteten Vorgehensmodelle

In diesem Abschnitt wird die Methodik zur Analyse der betrachteten Vorgehensmodelle vorgestellt. Ziel ist es die Schritte darzustellen, die zur Analyse der Vorgehensmodelle durchgeführt werden.

Im ersten Schritt wird das Rahmenwerk zu Bewertung und Vergleich der Modelle beschrieben. Das Rahmenwerk umfasst die Anforderungen an das neu zu konzipierende Vorgehensmodell. Dabei werden Anforderungen aus den Bereichen der Entwicklung von Dienstleistungen und zur Lösung von ML-Problemen betrachtet.

Im nächsten Schritt folgt die Beschreibung der Vorgehensmodelle, die für die Konzeption des Vorgehensmodells zur Einführung von ML in industriellen Dienstleistungen relevant sind. Die relevanten Modelle wurden in Kapitel 2.3.2 bereits vorgestellt. In diesem Schritt erfolgt ebenso die Analyse der beschriebenen Vorgehensmodelle auf Grundlage des im ersten Schritt festgelegten Rahmenwerks.

Anschließend lassen sich die Modelle anhand des Rahmenwerks vergleichen sowie daraus Erkenntnisse ableiten, die für die Konzeption des Vorgehensmodells in Kapitel 4.2 entscheidend sind.

Dieser Abschnitt beschreibt die Methodik zur Analyse der betrachteten Vorgehensmodelle. Ziel ist es, Erkenntnisse aus den herangezogenen Vorgehensmodellen für die Konzeption des Vorgehensmodells in Kapitel 4.2 zu gewinnen.

3.2 Rahmenwerk zu Bewertung und Vergleich der Modelle

Wie in Kapitel 3.1 beschrieben, definiert dieser Abschnitt das Rahmenwerk zu Analyse und Vergleich der herangezogenen Modelle für die Konzeption des Vorgehensmodells. Ziel ist es, die Anforderungen zu ermitteln, die zur Lösung der Herausforderung erforderlich sind.

Die Herausforderung dieser Arbeit stellt die Konzeption eines Vorgehensmodells dar, um erfolgreich ML in industriellen Dienstleistungen einzuführen. Daraus ergeben sich Anforderungen, die das zu konzipierende Vorgehensmodell erfüllen muss. Die Anforderungen fokussieren sich einerseits auf die Dienstleistungsentwicklung und andererseits auf den Bereich ML, sodass die Anforderungen in diesem Bewertungskatalog ebenfalls in diese beiden Klassen unterteilt werden.

Zunächst werden die Anforderungen im Forschungskontext der Entwicklung von industriellen Dienstleistungen beschrieben. Die definierten Anforderungen umfassen die Tätigkeiten bzw. Schritte, die im Rahmen der Dienstleistungsentwicklung durchzuführen sind. Folgende Anforderungen müssen Vorgehensmodelle zur Dienstleistungsentwicklung grundsätzlich erfüllen:

Analyse der Kundenbedürfnisse: Unabhängig von der tatsächlichen Implementierung besteht der Zweck des Vorgehensmodells darin, ein klares Verständnis der Bedürfnisse und Anforderungen der Kunden in Bezug auf Produkte, Service und erwartete Leistung zu erhalten (vgl. Pezzotta et al. 2014, 51 f.). Darüber hinaus ist eine Analyse des Servicebedarfs aus betriebswirtschaftlicher Sicht durchzuführen (vgl. Suhardi et al. 2017, 4). In diesem Zusammenhang sind die Kundenbedürfnisse zu ermitteln, um den Service hinsichtlich Machbarkeit und betriebswirtschaftlichen Chancen bewerten zu können.

Anforderungs-, Spezifikations- und Prozessdesign: Ziel ist es, die Hauptbeziehungen zwischen den Kundenbedürfnissen und den Ressourcen des Produktdienstleisters zu identifizieren sowie die Servicebereitstellungsprozesse darzustellen (vgl. Pezzotta et al. 2014, 53 f.). Des Weiteren umfasst dieser Bereich die Prozesse hinsichtlich des Geschäftsdesigns und des technischen Systemdesigns (vgl. Suhardi et al. 2017, 4). Die Anforderungen müssen weiterverarbeitet und in das Service-Design eingebunden werden. Wenn die Anforderungen hinsichtlich der Dienstleistung unzureichend formuliert sind, ist eine erfolgreiche Dienstleistungsentwicklung erschwert.

Test und Implementierung: Diese Anforderung befasst sich mit der Phase der Vorbereitung der Implementierung, dem Testen des Servicekonzepts und der

Bestätigung von Verbesserungen, die in einer Rückkopplungsschleife angepasst werden. Ziel der Implementierungsphase ist darüber hinaus die Kontrolle des Servicekonzeptes, das sich mit den vorgegebenen Zielen und Anforderungen befasst (vgl. Torney, Kuntzky und Herrmann 2009, 26). Bevor eine Dienstleistung eingeführt wird, erfolgt eine Testreihe. Ist diese erfolgreich, erfolgt die Implementierung.

Service Reengineering: Ein Service-System muss ständig verbessert und angepasst werden, um den variablen Kundenanforderungen gerecht zu werden. In diesem Sinne ist es, wenn ein Dienstleistungsangebot bereits besteht, von Bedeutung, den Reengineering-Prozess ausgehend von einer Analyse des aktuellen Angebots zu starten. Das Ergebnis dieser Analyse wird anschließend mit den Bedürfnissen und Anforderungen der identifizierten Kunden mit dem Ziel verglichen, bestehende oder potenzielle Lücken zu identifizieren, die die Bedürfnisse der Kunden beeinflussen können (vgl. Pezzotta et al. 2014, 54). Die Anforderungen und Bedürfnisse des Kunden sind durch beständige Veränderungen gekennzeichnet. In einem Vorgehensmodell ist die Weiterentwicklung von Dienstleistungen daher stets zu berücksichtigen.

Kundenintegration: Die oben beschriebenen Anforderungen zeigen, dass der Kunde stets eingebunden werden muss. Dies ist entscheidend, um einerseits die Bedürfnisse der Kunden zu erfüllen, andererseits aber auch die Qualität der Dienstleistung zu messen. Eine Fallstudie von *Dix et al.* (2015) hebt die entscheidende Bedeutung der Kundenintegration hervor, auch wenn dies oftmals eine aufwendige Abstimmung erforderlich macht (vgl. Dix et al. 2015, 486). Auch *Rondini et al.* (2015) weisen auf die Bedeutung hin, den Kunden bei der Definition des Anforderungs-, Spezifikations- und Prozessdesigns oder der Prozessvalidierung mit einzubinden (vgl. Rondini et al. 2015, 217 ff.).

Im nächsten Schritt folgt ein Überblick über die Anforderungen im Forschungskontext ML. Im Gegensatz zu den Anforderungen zur Service-Entwicklung fokussieren sich die Anforderungen im ML-Kontext auf spezielle Schritte wie die Datenvorbereitung oder Wahl eines ML-Algorithmus. Folgende Anforderungen müssen Vorgehensmodelle für den Bereich ML erfüllen:

Problemdefinition: Zu Beginn sind die Ziele und Anforderungen des Projekts zu erheben. Dabei ist es von Bedeutung, den Hintergrund des gegenwärtigen Marktes, die Probleme und Herausforderungen zu verstehen, um das geeignete Schema für die Messung, Analyse und Optimierung zu finden (vgl. Luan und Shu

2016, 3). Die Ziel- und Anforderungsanalyse fokussiert sich auf die weiteren Bereiche.

Speicher: Im Rahmen eines ML-Projektes ist eine Festlegung und Strukturierung des Speicherorts der Daten in Datenbanken zu berücksichtigen, da dies die Grundlage ist, auf der der ML-Algorithmus seine Berechnungen durchführt. Es ist dabei nicht zu erwarten, dass sich jede Datenbank problemlos implementieren lässt. Daher ist es ggf. erforderlich, die Abfragen im Rahmen der Implementierung innerhalb des ML-Algorithmus zu spezialisieren (vgl. Bin et al. 2017, 1402 f.). Zudem ist zu beachten, dass die Daten auf verschiedenen Architekturen und Computerquellen vorhanden sein können (vgl. Ruchi und Srinath 2018, 1482).

Datenvorverarbeitung: Zur Entwicklung eines DM- bzw. ML-Modells ist ein gut vorbereiteter Datensatz mit relevanten Attributen erforderlich, der seinen Zweck erfüllt (vgl. Nalic und Svraka 2018, 2). Die Auswahl der geeigneten Daten stellt somit die Grundlage für das DM- bzw. ML-Modell dar. Anschließend sind die ausgewählten Daten zu bereinigen, bevor ML-Modelle für die Analyse erstellt werden. Ebenso ist es von Bedeutung, falsche Daten zu entfernen, die bspw. ungültig oder unvollständig sind. In dieser Phase wird der Datenabruf dahingehend validiert, ob er für die Datenanalyse geeignet ist oder nicht. Des Weiteren werden in dieser Phase Daten gesammelt, vorverarbeitet, Trainingsdaten und Validierungssets erstellt und Variablen analysiert (vgl. Luan und Shu 2016, 3). Diese Anforderung ist mit aufzunehmen, da in diesem Schritt die Daten für das ML-Modell aufbereitet werden. Erfolgt dieser Schritt nicht oder nur mangelhaft, ist es möglich, dass die aufbereiteten Daten zu falschen Ergebnissen führen.

ML-Modelle: In dieser Phase werden ML-Techniken eingesetzt, um Modelle zu erstellen, die es ermöglichen, Verhaltensweisen etc. zu bewerten (vgl. Luan und Shu 2016, 3). Entscheidend für die Bewertung der Modelle ist es, dass unterschiedliche ML-Algorithmen mit den gleichen Eingaben getestet werden (vgl. Birgersson, Hansson und Franke 2016, 314). Im Vorgehensmodell müssen ML-Algorithmen aus dem Grund betrachtet werden, dass sie später die Berechnungsgrundlage für die Ermittlung der Ergebnisse bilden.

Modellbewertung und Analyse: In dieser Phase wird das konstruierte Modell überprüft und bewertet. Die Leistungsfähigkeit der ML-Modelle lässt sich anhand diverser Verfahren bewerten (vgl. Luan und Shu 2016, 3). Dieser Anforderung kommt ein hoher Stellenwert zu, da das ML-Modell nur verwendet werden kann, wenn die Ergebnisse korrekt sind. In dieser Phase ist daher die Einbindung des

Kunden von Bedeutung, da der Kunde aufgrund seiner Erfahrung die Ergebnisse besser bewerten kann.

Modell-Implementierung: In dieser Phase werden die in der vorherigen Phase erstellten Modelle implementiert (vgl. Luan und Shu 2016, 3). Diese Phase bildet den Abschluss des Vorgehensmodells.

Die im Rahmenwerk enthaltenen Anforderungen bilden die Grundlage für die Analyse der herangezogenen Vorgehensmodelle, um ein Vorgehensmodell zur Einführung von ML in industriellen Dienstleistungen zu konzipieren.

3.3 Beschreibung und Analyse der Vorgehensmodelle

Nachdem die Anforderungen an das neu zu konzipierende Vorgehensmodell herausgearbeitet wurden, werden die Vorgehensmodelle zunächst beschrieben und anschließend analysiert. Die Analyse erfolgt im Rahmen einer Bewertung, inwiefern die Anforderungen aus Kapitel 3.2 mit den Charakteristiken der Modelle übereinstimmen. Ziel ist es, ein einheitliches Verständnis zu den Modellen zu erhalten sowie eine differenzierte Analyse der Modelle durchzuführen. Die Modelle werden dabei nach dem folgenden Schema bewertet: ++ = ‚gut erfüllt', + = ‚erfüllt', – = ‚weniger erfüllt', – – = ‚nicht erfüllt', 0 = ‚keine Angaben vorhanden'.

3.3.1 Prozessmodelle zur Dienstleistungsentwicklung

Ein Teilbereich der Aufgabenstellung betrachtet Dienstleistungen. Welche Prozessschritte zur Entwicklung einer Dienstleistung erforderlich sind, zeigen die folgenden Modelle. Ziel des Abschnitts ist es, eine detaillierte Beschreibung der relevanten Prozessmodelle zu erarbeiten, um diese anschließend anhand der im Rahmenwerk (siehe Kapitel 3.2) definierten Anforderungen bewerten zu können. Dazu werden zunächst das bereits vorgestellte Prozessmodell zur Serviceentwicklung und das Modell zum Service Engineering von industriellen Dienstleistungen betrachtet.

Prozessmodell zur Serviceentwicklung

Freitag (2013) liefert mit seinen Ausführungen die Grundlage für die Beschreibung des Modells (vgl. Freitag 2013, 36 ff.). Das Prozessmodell zur Serviceentwicklung besteht aus sieben Phasen, die nachfolgend beschrieben werden. Abbildung 3 zeigt die Phasen mit ihren individuellen Ausprägungen. (1) Die Service-Ideen-Phase ist die erste Phase des Prozessmodells. In dieser Phase werden von jedem Partner in einem Ökosystem Ideen generiert. Sämtliche Ideen werden gesammelt und nach ausgewählten Kriterien beurteilt, die im Hinblick auf den Einsatzbereich der Dienstleistung definiert werden müssen. (2) Die Anforderungsanalyse markiert den Beginn des eigentlichen Entwicklungsprojekts. Hier müssen die internen und externen Anforderungen wie z. B. die externen Ressourcen (Partner etc.) in Bezug auf die neu zu entwickelnde Dienstleistung berücksichtigt werden. Dabei sind sämtliche internen und externen Anforderungen zu sammeln und zu vergleichen. Das Ergebnis der Anforderungsphase ist eine detaillierte Dokumentation sämtlicher zu berücksichtigenden Anforderungen.

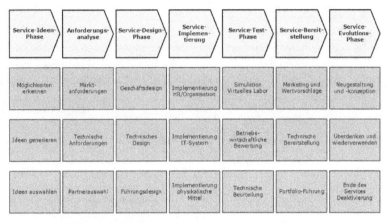

Abbildung 3: Phasen des Prozessmodells zur Serviceentwicklung
Quelle: Eigene Darstellung in Anlehnung an *Freitag* 2013, S. 36

(3) Das Hauptziel der Service-Design-Phase besteht darin, den neuen Service im Detail zu definieren und zu beschreiben. Das Servicekonzept muss dokumentiert werden und als Richtlinie für weitere Entwicklungsphasen dienen. Die Dokumentation zeigt deutlich sämtliche Parameter für Business Design, technisches Design und Governance Design auf. (4) Während der Phase der Service-Implementierung werden die Ergebnisse der vorherigen Prozessschritte im Unternehmen umgesetzt. Unter anderem müssen die zu entwickelnden Service-Prozesse in Bezug auf die Unternehmensstruktur eingeführt und verankert werden. (5) Die Service-Test-Phase ist einer der bedeutsamsten Bestandteile des Ansatzes. Der Test lässt sich bspw. durch Interaktionen zwischen Mitarbeitern und Kunden oder durch eine Überprüfung im Rahmen eines Assessments durchführen, ob die Hardware oder andere technische Geräte korrekt funktionieren oder, ob der Mitarbeiter die Hardware korrekt bedienen kann. (6) Die Phase ‚Service-Bereitstellung' deckt den gesamten Prozess des Service-Operations-

Managements ab. Den ersten Schritt stellt die Akquisition von Kunden- bzw. Serviceprojekten dar. Nach der Erwerbsphase muss der Service an die Kunden geliefert werden. Dies erfolgt im Rahmen der technischen Bereitstellung. (7) Die Service-Evolutions-Phase beinhaltet die Analyse innerhalb des Portfoliomanagements. Wird das weitere Anbieten eines bestimmten Service als sinnvoll erachtet oder erweist es sich als notwendig, diesen Service zu verbessern oder gar neu zu entwickeln, so wechselt dieser in die Phase ‚Service-Design'. Wenn eine Dienstleistung vom Angebot ausgeschlossen werden muss, da sie nicht mehr die gewünschten wirtschaftlichen Erträge liefert, wird sie aus dem Betrieb genommen.

Nachdem das Modell beschrieben ist, folgt die Analyse des Modells auf Grundlage der im Rahmenwerk definierten Anforderungen zur Dienstleistungsentwicklung (siehe Kapitel 3.2). Die Ergebnisse der Analyse des Modells fasst Tabelle 2 zusammen. Der Vergleich und die Einordnung der Ergebnisse folgen in Kapitel 3.4.

Prozessmodell zur Serviceentwicklung	Wertung	Anmerkung
Anforderungen im Forschungskontext industrielle Dienstleistungen		
Analyse der Kundenbedürfnisse:	+	In der Service-Ideen- und Anforderungsanalyse erfolgt die Analyse der Kundenbedürfnisse. Eine Analyse aus betriebswirtschaftlicher Sicht wird in dieser Phase nicht durchgeführt.
Anforderungs-, Spezifikations- und Prozessdesign:	++	Diese Anforderung wird in den Phasen ‚Anforderungsanalyse' sowie ‚Service-Design' bearbeitet. Technische Design- und Marktanforderungen werden speziell im Service-Design betrachtet. Es werden alle internen und externen Anforderungen dokumentiert.
Test und Implementierung:	++	Test und Implementierung sind in diesem Modell vorgesehen. Darüber hinaus bietet das Modell mögliche Testszenarien.
Service Reengineering:	++	Das Reengineering erfolgt in der Evolutionsphase, die explizit auf eine mögliche Neugestaltung der Dienstleistung eingeht.
Kundenintegration:	+	Bis auf die Phase ‚Service-Design' wird der Kunde in jeder Phase eingebunden.

Tabelle 2: Analyse Prozessmodell zur Serviceentwicklung
Quelle: Eigene Darstellung, 2018

26

Im Anschluss der Beschreibung und Analyse des Modells nach *Freitag* (2013), betrachtet der folgende Abschnitt das Modell zum industriellen Service Engineering, das in Abbildung 4 dargestellt wird. *Luczak et al.* (2006) liefern mit ihren Ausführungen die Grundlage für die Beschreibung des Modells (vgl. Luczak et al. 2006, 451 ff.). Das Element Dienstleistungsplanung umfasst alle Aufgaben, die zum Finden und Formulieren von Service-Ideen führen. Dazu zählen zunächst eine Potenzialanalyse im Unternehmen sowie eine Marktanalyse. Vor dem Hintergrund der Ergebnisse dieser Analysen werden Ideen ausgewählt. Anschließend wird ein Entwicklungsvorschlag formuliert, um eine ausgewählte Idee zu einem marktfähigen Konzept zu entwickeln. Das Ergebnis dieser ersten Komponente der Dienstleistungsplanung stellt eine formulierte und ausgewählte Dienstleistungsidee dar.

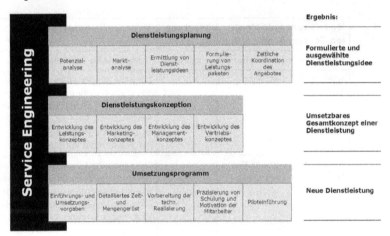

Abbildung 4: Elemente des Service Engineering
Quelle: Eigene Darstellung in Anlehnung an *Luczak et al.* 2006, S. 450

Das zweite Element ist die Konzeption einer neuen Dienstleistung. Dabei werden die einzelnen Komponenten eines Service definiert und dimensioniert. Sämtliche Aspekte einer Dienstleistung werden im Detail erfasst, sodass anschließend ein direkt umsetzbares Gesamtkonzept vorliegt. Dazu zählen neben dem Servicekonzept auch ein Marketing-, Vertriebs- und Managementkonzept für den Service. Am Ende dieses Elements steht ein umsetzbarer Dienst. In der letzten Phase dieses Entwicklungsprozesses, der Ausführungsplanung, werden die Aspekte der späteren Umsetzung des fertigen Dienstleistungskonzeptes in die Praxis erarbeitet. Darunter lassen sich sämtliche Aspekte subsumieren, die dazu dienen, die anfängliche Leistungsbereitschaft zu erzeugen. Diese Phase umfasst daher Aufgaben für die Planung der Qualifizierung und Beschaffung der einzusetzenden Mitarbeiter sowie für die Beschaffung der einzusetzenden Hilfsmittel (EDV, technische Geräte, Dokumente etc.). Darüber hinaus ist ein Konzept für die Markteinführung des Dienstes zu erstellen und ggf. eine Piloteinführung vorzubereiten. Das Ergebnis dieses Elements ist ein Ergebnisbericht zur Pilotumsetzung des Dienstes.

Das Modell wurde beschrieben, sodass infolgedessen die Analyse des Modells auf Grundlage der im Rahmenwerk definierten Anforderungen zur Dienstleistungsentwicklung (siehe Kapitel 3.2) erfolgen kann. Die Ergebnisse der Analyse des Modells werden in Tabelle 3 zusammengefasst. Der Vergleich und die Einordnung der Ergebnisse folgen in Kapitel 3.4.

Modell zum industriellen Service Engineering	Wertung	Anmerkung
Anforderungen im Forschungskontext industrielle Dienstleistungen		
Analyse der Kundenbedürfnisse:	+	Im Rahmen der einzelnen Schritte in der Dienstleistungsplanung erfolgt die Analyse im Hinblick auf die Kundenanforderungen. Eine Analyse aus betriebswirtschaftlicher Sicht wird in dieser Phase nicht vorgenommen.
Anforderungs-, Spezifikations- und Prozessdesign:	++	Die erhobenen Bedürfnisse werden im Rahmen der Dienstleistungskonzeption in ein Leistungskonzept überführt. Dies umfasst die Leistungspakete, Dienstleistungsbausteine, Dienstleistungslevel etc.
Test und Implementierung:	++	Test und Implementierung werden im Rahmen des Umsetzungsprogramms durchgeführt.
Service Reengineering:	0	Keine Angaben
Kundenintegration:	++	Die Kundenintegration ist in allen Phasen gegeben, sodass der Kunde jederzeit den aktuellen Stand bewerten kann.

Tabelle 3: Analyse des Modells zum industriellen Service Engineering
Quelle: Eigene Darstellung, 2018

Die Beschreibung und Analyse der Prozessmodelle zur Dienstleistungsentwicklung liegen vor. Im nächsten Schritt werden die beiden Modelle im Forschungskontext ML betrachtet.

3.3.2 Modelle zur Durchführung von Projekten des maschinellen Lernens

Welche Prozessschritte in ML-Projekten zu bearbeiten sind, zeigen bspw. das CRISP-DM-Prozessmodell oder das KDD-Modell, die in diesem Unterabschnitt betrachtet und analysiert werden.

CRISP-DM

Shearer (2000) liefert mit seinen Ausführungen die Grundlage für die Beschreibung des Modells (vgl. Shearer 2000, 14 ff.) Das CRISP-DM lässt sich als ein umfassendes Data-Mining-Verfahren und -Prozessmodell beschreiben, das sich für die Durchführung eines Data-Mining-Projekts eignet. CRISP-DM unterteilt den Lebenszyklus eines Data-Mining-Projekts in sechs Phasen: Geschäftsverständnis, Daten verstehen, Datenaufbereitung, Modellierung, Bewertung und Bereitstellung (siehe Abbildung 5).

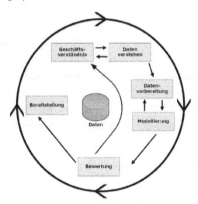

Abbildung 5: Cross-Industry-Standard-Process-for-Data-Mining-Prozessmodell
Quelle: Eigene Darstellung in Anlehnung an Shearer 2000, S. 14

(1) Geschäftsverständnis: In dieser Phase steht das Projektziel aus betriebswirtschaftlicher Sicht im Vordergrund. Dieses Wissen wird in eine Data-Mining-Problemdefinition umgewandelt und anschließend ein vorläufiger Plan zur Erreichung der Ziele entwickelt. Um zu erfassen, welche Daten später analysiert werden sollten, ist für die Anwendung dieses Modells ein umfassendes Wissen zu

dem Geschäft erforderlich, für das eine Lösung gefunden werden soll. (2) Daten verstehen: Die Phase des Datenverständnisses beginnt mit einer ersten Datensammlung. Ziel ist es, Daten besser zu verstehen und ggf. Datenqualitätsprobleme zu identifizieren, erste Einblicke in die Daten zu gewinnen oder relevante Teilmengen zu erkennen, um Hypothesen zu versteckten Informationen aufzustellen. (3) Datenvorbereitung: Die Datenvorbereitungsphase umfasst sämtliche Aktivitäten zur Erstellung des endgültigen Datensatzes oder der Daten, die aus den ursprünglichen Rohdaten in das Modellierungstool eingegeben werden. (4) Modellierung: In dieser Phase werden verschiedene Modellierungstechniken ausgewählt, angewendet und deren Parameter auf optimale Werte kalibriert. In der Regel liegen mehrere Techniken für den gleichen Data-Mining-Problemtyp vor. Ein Teil davon stellt spezifische Anforderungen an die Form der Daten. Dies kann einen Rückschritt in die Datenaufbereitungsphase erfordern. (5) Bewertung: Bevor die endgültige Implementierung des durch einen Datenanalysten erstellten Modells erfolgt, muss das Modell genauer untersucht und die Konstruktion des Modells überprüft werden, um sicherzustellen, dass die Geschäftsziele ordnungsgemäß erreicht werden. (6) Bereitstellung: Mit der Modellerstellung ist das Projekt in der Regel noch nicht beendet. Das gewonnene Wissen muss so organisiert und präsentiert werden, damit der Kunde es nutzen kann. Häufig werden sich in Betrieb befindliche Modelle innerhalb der Entscheidungsprozesse eines Unternehmens angewendet, wie bspw. in Form einer Echtzeit-Personalisierung von Webseiten oder dem wiederholten Bewerten von Marketingdatenbanken. Abhängig von den Anforderungen kann die Bereitstellungsphase so unkompliziert sein wie das Erstellen eines Berichts oder so komplex wie die Implementierung eines wiederholbaren Data-Mining-Prozesses im gesamten Unternehmen.

Das Modell wurde beschrieben, sodass die Analyse des Modells auf Grundlage der im Rahmenwerk definierten Anforderungen zur Dienstleistungsentwicklung (siehe Kapitel 3.2) erfolgen kann. Die Ergebnisse der Analyse des Modells werden in Tabelle 4 zusammengefasst. Der Vergleich und die Einordnung der Ergebnisse folgen in Kapitel 3.4.

CRIPS-DM-Prozessmodell	Wertung	Anmerkung
Anforderungen im Forschungskontext ML		
Problemdefinition:	++	In der Phase ‚Geschäftsverständnis' werden die Problemstellung und der Hintergrund betrachtet. Dies umfasst die Beurteilung der aktuellen Situation,

CRIPS-DM-Prozessmodell	Wertung	Anmerkung
Anforderungen im Forschungskontext ML		
		die Zielbestimmung sowie die Erstellung des Projektplans. Er werden zusätzlich Kriterien für den Geschäftserfolg definiert.
Speicher:	+	Die Daten werden in der Phase ‚Daten verstehen' gesammelt, beschrieben, ausgewertet und auf ihre Qualität hin geprüft. Eine Festlegung und Strukturierung des Speicherorts der Daten in Datenbanken wird nicht beschrieben.
Datenvorverarbeitung:	++	In der Phase der Datenvorbereitung erfolgt die Auswahl der Daten. Darüber hinaus werden diese bereinigt, erste Daten generiert und formatiert. Im Rahmen der Modellierung werden Parametereinstellungen vorgenommen und ein Testdesign erstellt.
ML-Modelle:	++	Im Rahmen der Modellierung werden DM- bzw. ML-Modelle erarbeitet, getestet und bewertet.
Modellbewertung und Analyse:	++	In der Phase ‚Bewertung' werden die Ergebnisse bewertet, Prozesse geprüft sowie die nächsten Schritte definiert.
Modell-Implementierung:	++	In der Phase ‚Bereitstellung' wird das Modell implementiert und zur Verfügung gestellt.

Tabelle 4: Analyse des Cross-Industry-Standard-Process-for-Data-Mining-Modell
Quelle: Eigene Darstellung, 2018

Im Anschluss an die Beschreibung und Analyse des Modells nach *Shearer* (2000) betrachtet der nachfolgende Abschnitt das <u>KDD-Modell.</u> Der grundlegende Ablauf der Schritte wird in Abbildung 6 veranschaulicht.

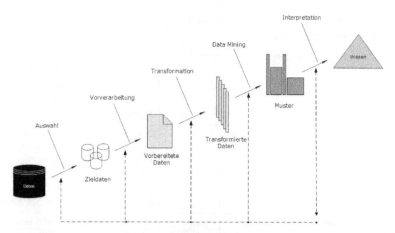

Abbildung 6: Schritte des Knowledge-Discovery-in-Databases-Modells
Quelle: Eigene Darstellung in Anlehnung an *Fayyad, Piatetsky-Shapiro und Smyth* 1996, S. 41

Fayyad, Piatetsky-Shapiro und Smyth (1996) liefern mit ihren Ausführungen die Grundlage für die Beschreibung des Modells (vgl. Fayyad, Piatetsky-Shapiro und Smyth 1996, 42 ff.). (1) Zunächst wird ein Verständnis zu der Anwendungsdomäne sowie das relevante Vorwissen aufgebaut und das Ziel des KDD-Prozesses aus Kundensicht identifiziert. (2) Anschließend folgt die Erstellung eines Zieldatensatzes. Dies umfasst die Auswahl eines Datensatzes oder die Fokussierung auf eine Teilmenge von Variablen oder Datenstichproben, für die eine Erkennung durchgeführt werden soll. (3) Die Datenbereinigung und -vorverarbeitung zählen zu den Grundoperationen bestehend aus bspw. dem Sammeln der notwendigen Informationen oder der Definition einer Strategie, um mit fehlenden Daten umzugehen. (4) Die Datenreduktion und -projektion fokussieren sich auf das Finden von nützlichen Merkmalen, um die Daten in Abhängigkeit zum Ziel der Aufgabe darzustellen. (5) Anschließend folgt die Prüfung, ob die im ersten Schritt identifizierten Ziele mit einer bestimmten Data-Mining-Methode übereinstimmen. (6) In einem weiteren Schritt wird die Auswahl des Data-Mining-Algorithmus vorgenommen und die Auswahlmethode bestimmt, die zum Suchen nach Datenmustern verwendet werden sollen. Dieser Prozess beinhaltet zudem die Entscheidung, welche Modelle und Parameter möglicherweise geeignet sind und die Anpassung einer bestimmten Data-Mining-Methode an die Gesamtkriterien des KDD-Prozesses. (7) In dieser Phase erfolgt die Suche nach Mustern, die in einer bestimmten Darstellungsform relevant sind. (8) Anschließend werden die Muster interpretiert, um ggf. zu einem der Schritte 1–7 für eine weitere Iteration zurückzukehren. (9) Das erzeugte Wissen wird direkt genutzt und ggf. in andere Systeme für weitere Handlungen integriert oder dokumentiert und an interessierte Parteien berichtet. Dieser Prozess beinhaltet auch die Überprüfung und Lösung potenzieller Konflikte nach bisherigem Wissen.

Das Modell wurde beschrieben, sodass die Analyse des Modells auf Grundlage der im Rahmenwerk definierten Anforderungen zum Forschungskontext ML (siehe Kapitel 3.2) erfolgen kann. Die Ergebnisse der Analyse des Modells werden in Tabelle 5 zusammengefasst. Der Vergleich und die Einordnung der Ergebnisse folgen in Abschnitt 3.4.

KDD-Modell	Wertung	Anmerkung
Anforderungen im Forschungskontext ML		
Problemdefinition:	+	Im Auswahlschritt wird ein Verständnis zur Problemstellung aufgebaut und der KDD-Prozess aus Kundensicht identifiziert. Die Marktsicht wird nicht betrachtet.
Speicher:	+	Die Daten bzw. der Zieldatensatz werden erstellt. Dabei erfolgt bereits eine Fokussierung auf eine Teilmenge von Daten, die zur Erkennung herangezogen werden. Eine Festlegung und Strukturierung des Speicherorts der Daten in Datenbanken wird nicht beschrieben.
Datenvorverarbeitung:	++	Im Rahmen der Vorbereitung und Transformation der Daten erfolgt die Datenvorbereitung. Dies umfasst bspw. die Beschreibung des Umgangs mit fehlenden Daten oder das Finden von nützlichen Merkmalen.
ML-Modelle:	++	Im Schritt ‚Data Mining' wird geprüft, welche Methode mit den Zielen aus der Problemdefinition verknüpft ist, um im Schritt ‚Muster' die richtigen ML-Algorithmen auszuwählen.
Modellbewertung und Analyse:	++	Im Rahmen der Interpretation werden die Ergebnisse bewertet und ggf. weitere Iterationen durchgeführt.

KDD-Modell	Wertung	Anmerkung
Anforderungen im Forschungskontext ML		
Modell-Implementierung:	++	Diese Phase umfasst die Integration in ein anderes System und die Nutzung des Wissens.

Tabelle 5: Analyse des Knowledge-Discovery-in Databases-Modell
Quelle: Eigene Darstellung, 2018

Die Prozessmodelle zum Bereich Data Mining umfassen die Phasen zum Forschungskontext ML. Die Vorgehensweisen der Modelle wurden beschrieben sowie eine Analyse der Modelle durchgeführt. Anschließend folgen eine Beschreibung und Analyse der Ansätze, die zur Einführung von KI oder ML in die Instandhaltung vorliegen.

3.3.3 Ansätze zur Einführung von künstlicher Intelligenz oder maschinellem Lernen in die Instandhaltung

Wie in Kapitel 2.3.2 vorgestellt, liegen in der Literatur zwei Modelle zur Einführung von KI bzw. ML in den Servicebereich Instandhaltung vor. Diese werden im Folgenden beschrieben und analysiert. Ziel ist es, einen Überblick darüber zu erhalten, welchen Ansatz die Modelle zur Implementierung in den Servicebereich Instandhaltung vorschlagen.

Mushiri, Hungwe und Mbohwa (2017) liefern mit ihren Ausführungen die Grundlage für die Beschreibung des Modells (vgl. Mushiri, Hungwe und Mbohwa 2017, 1489). Die Autoren schlagen eine Roadmap für die Erdölspeicherindustrie zur Implementierung von KI in der Wartung vor (siehe Abbildung 7). Die Roadmap zur Umsetzung des Projekts entstand im Rahmen einer Vorher-Nachher-Analyse. Die vorbeugende Wartungsstrategie kann optimiert werden, indem die geplanten Instandhaltungsaktionen mit verschiedenen Werkzeugen durchgeführt werden. Die Einführung von VI beginnt anschließend damit, die Unternehmensleitung davon zu überzeugen, die neue Wartungsstrategie zu genehmigen.

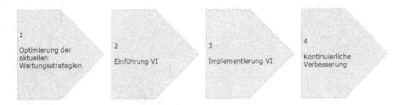

Abbildung 7: Roadmap für die Implementierung von künstlicher Intelligenz in der Wartung

Quelle: Eigene Darstellung in Anlehnung an *Mushiri, Hungwe und Mbohwa* 2017, S. 1489

Wenn dies gelingt, erfolgt die Implementierung der optimierten Strategie für VI. Gleichzeitig wird u. a. eine Datenbank aufgebaut, die bspw. Wartungsprotokolle erstellt. Nach Implementierung der KI-basierten Wartungsstrategie folgt die kontinuierlichere Verbesserung des VI-Systems, um die Fehlerbeseitigung stetig zu verbessern.

Für eine Analyse im Hinblick auf die Anforderungen zur Dienstleistungsentwicklung oder zum Bereich ML aus dem Rahmenwerk liefert das Modell nach *Mushiri, Hungwe und Mbohwa* (2017) unzureichende Informationen, sodass dieses Modell bei der nachfolgenden Analyse und dem Vergleich der Modelle nicht berücksichtigt wird.

Nienke et al. (2017) stellen in ihrem Beitrag ein Reifegrad-Modell zur Einführung von VI vor und liefern mit ihren Ausführungen die Grundlage für die Beschreibung des nachfolgenden Modells (vgl. Nienke et al. 2017, 6 ff.) Dieses Modell basiert auf der intelligenten Nutzung von Energiedaten und der Verknüpfung von Energiedaten mit zusätzlichen Informationen rund um die Produktion. Es kann als Richtlinie verstanden werden, um diese Ziele zu erreichen, sowie als ein Bewertungsinstrument, das dem Management den aktuellen Zustand eines Unternehmens vermittelt. Das Modell zur Einführung von VI für das Energiemanagement basiert auf vier Reifegraden (siehe Abbildung 8).

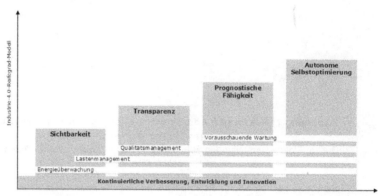

Entwicklungspfad

Abbildung 8: Reifegrad-Modell zur Einführung einer vorausschauenden Wartung

Quelle: Eigene Darstellung in Anlehnung an *Nienke et al.* 2017, S. 7

(1) Ziel des Reifegrads ‚Sichtbarkeit' ist es, den Entscheidungsträgern innerhalb eines Unternehmens auf jeder Ebene zeigen zu können, was im Unternehmen passiert, um jede Entscheidung auf Fakten zu stützen. (2) Darauf folgt der Grad der Transparenz. Der Fokus liegt auf dem Verständnis der Zusammenhänge zwischen Vorfällen und ihrem Wurzelverlauf innerhalb und außerhalb des Unternehmens. Eine Verknüpfung zwischen Ereignissen wird abgeschlossen. (3) Nachdem die Vorgänge im Unternehmen erkennbar sind, liegt der Fokus auf der prognostischen Kapazität. Die Frage, die beantwortet werden muss, ist, welche Ereignisse unter bestimmten Umständen eintreten werden. Dies versetzt Unternehmen in die Lage, zukünftige Ereignisse zu antizipieren und sich auf die Vorgänge vorzubereiten, die bei der Einführung eines VI-Systems mit hoher Wahrscheinlichkeit erfolgen müssen. (4) Den letzten Schritt stellt die autonome Selbstoptimierung dar. Es müssen Prozessschritte, Maschinen und gesamte Produktionsbereiche identifiziert werden, die mit den Daten der ersten drei Schritte autonom selbstoptimiert werden können. Alle vier Schritte werden mit kontinuierlicher Verbesserung durchgeführt.

Eine Analyse des Modells auf Grundlage der in Kapitel 3.2 definierten Anforderung ist nicht möglich. Die Studie bietet nur unzureichende Informationen zum dargestellten Ansatz. So müssen z. B. Echtzeit-Energiedaten, die weitere relevante Prozessdaten enthalten, basierend auf einem Vergleich mit historischen Daten analysiert werden (vgl. Nienke et al. 2017, 9). Darauf, welche Daten genau zu analysieren sind, geht die Studie nicht ein.

Die beiden Modelle zeigen unterschiedliche Wege auf, wie sich ML in den Servicebereich Instandhaltung integrieren lässt. Eine Prüfung der Modelle im Hinblick auf die Anforderungen aus Kapitel 3.2 ist nicht möglich, da die Studien zu den Anforderungen keine hinreichenden Informationen liefern.

Das Rahmenwerk zur Bewertung der herangezogenen Vorgehensmodelle sowie die jeweilige Beschreibung und Analyse der einzelnen Modelle liegt vor. Diese Vorarbeit dient als Grundlage für den Vergleich der herangezogenen Modelle sowie die abschließende Ableitung der Ergebnisse oder Einflüsse für die Konzeption des Vorgehensmodells.

3.4 Vergleich der Vorgehensmodelle und Ableitung der Ergebnisse für die Konzeption des Vorgehensmodells

Für den Vergleich werden die Ergebnisse der Analyse aus Kapitel 3.3 herangezogen. Ziel ist es, die Anforderungen aus Kapitel 3.2 mit den herangezogenen Modellen zu vergleichen, um festzustellen, welche Modelle für die Konzeption des Vorgehensmodells zur Einführung von ML in industriellen Dienstleistungen in Frage kommen. Damit soll die Grundlage für die Konzeption des Vorgehensmodells geschaffen werden.

In den nachfolgenden Tabellen werden die bewerteten Modelle einander gegenübergestellt. Tabelle 6 zeigt den Vergleich der Modelle zur Entwicklung industrieller Dienstleistungen, Tabelle 7 den der Modelle im Forschungskontext ML.

Vergleich der Modelle im Forschungskontext der Entwicklung industrieller Dienstleistungen	Prozessmodell zur Serviceentwicklung	Modell zum industriellen Service Engineering
Analyse der Kundenbedürfnisse:	+	+
Anforderungs-, Spezifikations- und Prozessdesign:	++	++
Test und Implementierung:	++	++
Service Reengineering:	++	0
Kundenintegration:	+	++
Klarheit und Übersichtlichkeit:	+	+

Tabelle 6: Vergleich der herangezogenen Vorgehensmodelle im Forschungskontext der industriellen Dienstleistungen
Quelle: Eigene Darstellung, 2018

Die analysierten Vorgehensmodelle sind auf die Entwicklung von Dienstleistungen ausgerichtet und erfüllen daher einen Großteil der Anforderungen. Dennoch ist für die Herausforderung der vorliegenden Arbeit das Prozessmodell zur Serviceentwicklung nach *Freitag* (2013) besser geeignet. Dies lässt sich dadurch begründen, dass das Modell ebenso die Neukonzeption einer Dienstleistung im Prozessmodell berücksichtigt. Das Modell zum industriellen Service Engineering nach *Luczak et al.* (2006) hingegen liefert zu diesem Punkt keine hinreichenden Informationen. Das Modell nach *Freitag* (2013) bildet zudem den gesamten Lebenszyklus einer Dienstleistung ab. Es enthält sämtliche Phasen von der Idee über den Entwurf bis hin zur Evolution der Dienstleistung. Aufgrund der Charakteristiken des Modells dient der Ansatz von *Freitag* (2013) im weiteren Verlauf als Grundlage für die Entwicklung von Dienstleistungen.

Im nächsten Schritt werden die Modelle im Forschungskontext ML verglichen (siehe Tabelle 7). Die Analyse zeigt, dass keine großen Unterschiede zwischen den Modellen CRIPS-DM und KDD bestehen. Lediglich im Bereich der Problemdefinition sind marginale Unterschiede vorhanden. Es werden daher bei der Herleitung des Vorgehensmodells beide Modelle betrachtet, da diese Schritte bzw. Phasen umfassen, die zur Lösung einer ML-Problemstellung herangezogen werden können.

Vergleich der Modelle im Forschungskontext ML	CRISP-DM	KDD-Modell
Problemdefinition:	++	+
Speicher:	+	+
Datenvorverarbeitung:	++	++
ML-Modelle:	++	++
Modellbewertung und Analyse:	++	++
Modell Implementierung:	++	++

Tabelle 7: Vergleich der herangezogenen Vorgehensmodelle im Forschungskontext des maschinellen Lernens
Quelle: Eigene Darstellung, 2018

Der vorgenommene Vergleich der vorgestellten Modelle zeigt, dass die Modelle nicht direkt für die zu bearbeitende Herausforderung anwendbar sind. Aus den Ergebnissen geht hervor, dass das Prozessmodell zur Serviceentwicklung nach *Freitag* (2013) als Basis für die Konzeption des Vorgehensmodells geeignet ist. Das CRISP-DM und KDD-Modell weisen für den Bereich ML Eigenschaften auf, die berücksichtigt werden können. Ein Vergleich der Modelle zur Einführung von ML in den Servicebereich Instandhaltung ist aufgrund der fehlenden Analyse nicht möglich. Die Grundlage für die Konzeption ist jedoch damit vorhanden, sodass diese im folgenden Kapitel erfolgt. Vor der Konzeption wird zunächst die Methodik erläutert.

Im vorangegangenen Kapitel wurden die für die Konzeption des Vorgehensmodells verwendeten Vorgehensmodelle vorgestellt und Analysen der Modelle durchgeführt. Diese Analysen erfolgten auf Grundlage eines Rahmenwerks zur Bewertung der Modelle, das die Anforderungen der Problemstellung wiederspiegelt. Dieses Kapitel enthält zudem die Ergebnisse des Vergleichs der Modelle, die bei der Neukonzeption des Vorgehensmodells in Kapitel 4.2 zu berücksichtigen sind.

4 Konzeption und Evaluation des Vorgehensmodells

Im vorangegangenen Kapitel erfolgte die Analyse der Modelle, die für die Konzeption des Vorgehensmodells in Frage kommen. Die entsprechenden Modelle werden nun in diesem Kapitel bei der Konzeption des Vorgehensmodells zur Einführung von ML in industriellen Dienstleistungen als Grundlage verwendet. Zudem wird in diesem Kapitel das neu konzipierte Vorgehensmodell evaluiert. Dazu wird dieses Kapitel in drei Abschnitte unterteilt. Im ersten Abschnitt wird zunächst die Methodik zur Konzeption und Evaluation erläutert. Der zweite Abschnitt umfasst die Konzeption des Vorgehensmodells. Dieser Abschnitt besteht wiederum aus zwei weiteren Unterabschnitten, die einerseits die Vorüberlegungen und andererseits die Herleitung des Modells umfassen. Im dritten Abschnitt wird das Modell hinsichtlich ausgewählter Qualitätsmerkmale evaluiert. Zielsetzung des Kapitels ist damit die Konzeption und Evaluierung des neu konzipierten Vorgehensmodells.

4.1 Methodik zur Konzeption und Evaluation

Die Konzeption und Evaluation des Vorgehensmodells erfolgt in zwei Schritten. Der erste Schritt umfasst die Konzeption des Vorgehensmodells und wird in zwei Unterabschnitte aufgeteilt. Zunächst werden in den Vorüberlegungen zum Vorgehensmodell der Aufbau und Ablauf des Modells beschrieben sowie eine Neuerung erläutert und begründet, warum diese für die Konzeption des Vorgehensmodells erforderlich ist.

Im Anschluss daran wird über eine Erläuterung der einzelnen Schritte in den Phasen Vorphase, Analysephase, Entwurfsphase, Realisierungsphase und Abschlussphase das Vorgehensmodell abgeleitet. Dieses Vorgehensmodell wird abschließend in Form einer Abbildung dargestellt und die dazugehörigen Tätigkeiten in einer Tabelle zusammengefasst.

Der zweite Schritt, die Evaluation, erfolgt, indem zunächst Qualitätsmerkmale hinsichtlich des konzeptionellen Vorgehensmodells definiert und festgelegt werden. Auf Grundlage dieser Merkmale wird anschließend eine differenzierte Analyse des Vorgehensmodells durchgeführt. Für die Bewertung wird erneut das in Kapitel 3.3 erläuterte Schema verwendet.

Nachdem die Methodik zur Konzeption und Evaluation des Vorgehensmodells erläutert wurde, folgt zunächst die Konzeption des Vorgehensmodells.

4.2 Konzeption des Vorgehensmodells

Im Rahmen der Konzeption des Vorgehensmodells werden in einem ersten Schritt basierend auf den Ergebnissen der vorangegangenen Ergebnisse die Vorüberlegungen vorgestellt. Anschließend folgt im zweiten Schritt die Herleitung des Vorgehensmodells. Ziel ist die Neukonzeption eines Vorgehensmodells, das zur Einführung von ML in industriellen Dienstleistungen herangezogen werden kann.

4.2.1 Vorüberlegungen zu Aufbau, Ablauf und Eigenschaften des Vorgehensmodells

Der Aufbau des Vorgehensmodells stellt wie in Kapitel 2.3.1 erläutert eine Kombination des evolutionären und des Prototyping-Modells dar. Das Modell wird in die Phasen Vorphase, Analysephase, Entwurfsphase, Realisierungsphase und Abschlussphase aufgeteilt. Die einzelnen Prozessschritte der Phasen werden in Anlehnung an das Rahmenwerk aus Kapitel 3.2 und den in Kapitel 3.3 analysierten und verglichenen Modellen beschrieben. Dies bedeutet, dass Schritte umbenannt und zusammengefasst werden, entfallen oder neue Schritte bzw. Aufgaben hinzugefügt werden. Das Prototyping erfolgt explizit in der Entwurfsphase im Rahmen der Entwicklung des ML-Ansatzes in Bezug auf die Dienstleistung. Dadurch sind in der Entwurfsphase Prototypen des ML-Ansatzes verfügbar. Mit diesen lassen sich Experimente durchführen und sie dienen als Grundlage für die Diskussionen mit dem Auftraggeber. So können die gesammelten Erfahrungen in der Entwicklung des nächsten Prototypens einbezogen werden, woraus eine höhere Qualität des ML-Ansatzes zu erwarten ist. Abbildung 9 zeigt den grundsätzlichen Aufbau und Ablauf des Modells.

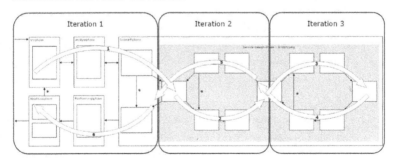

Abbildung 9: Aufbau und Ablauf des Vorgehensmodells
Quelle: Eigene Darstellung, 2018

Der Ablauf des Modells ist flexibel gestaltet. Wie in Abbildung 9 dargestellt, wird zunächst die Vor- und Analysephase durchlaufen, um in der Entwurfsphase, die das Prototyping umfasst, zwei Iterationen vorzunehmen. Nachdem die Entwurfsphase abgeschlossen ist, folgen die Realisierungs- und Abschlussphase. Zudem ist ein intensiver Austausch zwischen der Vor-, Analyse- und Entwurfsphase vorgesehen. Die durch * gekennzeichneten Pfeile bieten die Möglichkeit, nur einzelne Iterationen mehrmals zu durchlaufen, um ggf. Probleme vollständig zu erfassen und dem Kunden anforderungsgerechte Ergebnisse zu liefern.

Der Aufbau des Vorgehensmodells weicht von dem in Abbildung 2 dargestellten Ablauf ab. Dies liegt in den drei Iterationen begründet, die in das Vorgehensmodell eingebunden sind (siehe Abbildung 9). Dabei umfasst Iteration 1 die Schritte, die grundsätzlich zur Dienstleistungsentwicklung erforderlich sind. Iteration 2 und 3 sind der Entwurfsphase zugeordnet und bilden das Prototyping ab. Im Rahmen dieser Iterationen erfolgt die Entwicklung des ML-basierten Ansatzes. In der Iteration 2 liegt der Fokus auf dem ML-Bereich. Infolgedessen werden Anforderungen aus dem Bereich ML definiert, Tests durchgeführt und Ergebnisse bewertet. Iteration 3 hingegen umfasst eine Neuerung, die in den herangezogenen Modellen in dieser Form nicht vorliegt. Diese Iteration dient speziell der Verbesserung der Datenqualität.

Wie bereits in der Einleitung beschrieben, stellt die Verarbeitung erheblicher Datenmengen eine große Herausforderung in ML-Projekten dar. Dies lässt sich dadurch begründen, dass für zuverlässige Analyseergebnisse im Vorfeld die Zuverlässigkeit der Quellen und Datenqualität zu verifizieren ist (vgl. Oussous et al. 2018, 434). Angesichts der Vielfalt an Datensätzen sind die effiziente Darstellung, der Zugriff und die Analyse unstrukturierter oder nicht-strukturierter Daten mit großen Schwierigkeiten verbunden (vgl. Khan et al. 2014, 14). Ein Mangel in der Datenqualität schlägt sich bei ML-Projekten und in weiteren Anwendungsbereichen in Form von fehlenden, unvollständigen, inkonsistenten, ungenauen, doppelten und undatierten Daten nieder (vgl. Gudivada, Apony und Ding 2017, 1).

Die Herausforderung in Bezug auf die Verarbeitung der Datenmengen lässt sich gemäß *L'Heureux et al.* (2017) anhand der Kriterien ‚Volumen‘, ‚Geschwindigkeit‘, ‚Vielfalt‘ und ‚Wahrheit‘ beschreiben (vgl. L'Heureux et al. 2017, 7778). *White* (2012) führt zusätzlich zu diesen vier Kriterien das Kriterium ‚Wert‘ an (vgl. White 2012, 211), während *Sivarajah et al.* (2017) von sieben Kriterien ausgehen die bereits genannten um ‚Variabilität‘ und ‚Visualisierung‘ ergänzen (vgl. Sivarajah et al. 2017, 269 ff.). Darüber hinaus liegen weitere Herausforderungen vor, denen aus Datensicht zu begegnen ist:

- Bis zu einem gewissen Grad sind Datensätze vor der Verarbeitung unbekannt,
- Auch die Verteilung der Daten ist unbekannt und kann im Laufe der Zeit variieren,
- Es kann nicht garantiert werden, dass Variablen statistisch unabhängig sind,
- Um Modelle zu trainieren, braucht es oft mehr Zeit, als zur Verfügung steht, da die Ankunftsrate neuer Daten zu hoch ist,
- Modelle sind in der Regel zu starr, um sich zu verändern und werden somit ständig überwacht und angepasst,
- Ein einfacher Zug, Test und Vorhersage können zu unerwarteten Ergebnissen führen, wenn neue Daten nicht zur Anpassung des Modells, sondern zur Vorhersage verwendet werden (vgl. Augenstein, Spangenberg und Franczyk 2017, 28).

Ein umfassender Überblick zum Thema Datenqualität bzw. Verarbeitung hoher Datenmengen ist im Rahmen dieser Arbeit nicht möglich. Dennoch zeigen bereits diese knappen Ausführungen, wie bedeutsam es ist, die Problematik der Datenqualität bei der Bearbeitung eines ML-Projekts zu berücksichtigen, um eine Qualität der Ergebnisse zu erzielen, die den Anforderungen gerecht wird.

Bevor ein Lösungsweg für diese Arbeit beschrieben wird, erfolgt eine kurze Definition und Einordnung des Begriffs ‚Datenqualität'. Der Begriff ‚Datenqualität' wird oft als die Verwendbarkeit von Daten für die jeweilige Datenverarbeitungsanwendung definiert. Zu den Ursachen schlechter Datenqualität zählen Datenfehler, Duplikate, fehlende Werte, falsche Formatierung, Inkonsistenzen usw. (vgl. Naumann 2007, 27). Eine Klassifizierung von Datenfehlern lässt sich vornehmen, indem zwischen Fehlern auf Schema- oder auf Datenebene unterschieden und geprüft wird, ob der Fehler bereits in einem einzelnen Datenbestand oder nur durch Integration mehrerer Datenbestände vorliegt (vgl. Rahm und Do 2000, 2 ff.). Um ein Vorgehensmodell zu konzipieren und dabei einen stärkeren Fokus auf die Thematik Datenqualität zu legen, bedarf es Kriterien, die im Rahmen des ML-Projektes zu beachten sind. In diesem Zusammenhang orientiert sich diese Arbeit an den Informationsqualitätsmerkmalen (siehe Tabelle 8) von *Wang und Strong* (1996). Die Autoren entwickeln in ihrer Forschungsarbeit ein hierarchisches Framework, das die Aspekte der Datenqualität erfasst, die für die Entität entscheidend sind, die ein Datensatz erhält und verwendet (vgl. Wang und Strong 1996, 21). Zusätzlich decken diese Aspekte auch die sieben bereits genannten Kriterien ‚Volumen‘, ‚Vielfalt‘, ‚Wahrhaftigkeit‘, ‚Geschwindigkeit‘, ‚Variabilität‘, ‚Visualisierung‘ und ‚Wert‘ ab (siehe Ausführungen von *L'Heureux et al.* (2017), *White* (2012) und *Sivarajah et al.* (2017)). Tabelle 8 fasst die Informationsqualitätsmerkmale zusammen. Die Informationsqualitätsmerkmale werden in Iteration 3 eingearbeitet, um ein Vorgehensmodell zu entwickeln, das auch die Datenqualität berücksichtigt.

Zielkategorie	Dimension
Genauigkeit der Daten	Glaubwürdigkeit
	Richtigkeit
	Objektivität
	Reputation
Relevanz der Daten	Mehrwert
	Relevanz
	Aktualität
	Vollständigkeit
	Angemessene Menge an Daten
Darstellung der Daten	Interpretierbarkeit
	Verständlichkeit
	Repräsentative Konsistenz
	Übersichtliche Darstellung
Zugänglichkeit der Daten	Verfügbarkeit
	Zugriffssicherheit

Tabelle 8: Informationsqualitätsmerkmale
Quelle: Eigene Darstellung in Anlehnung an *Wang und Strong* 1996, S. 16

Nachdem der Aufbau und Ablauf sowie die Fokussierung auf die Datenqualität als Neuerung im Gegensatz zu den bestehenden Modellen beschrieben wurde, erfolgt die Entwicklung des Vorgehensmodells.

4.2.2 Entwicklung des Vorgehensmodells

Die bereits aufgeführten einzelnen Tätigkeiten des Vorgehensmodells werden nun näher erläutert und begründet. Das Modell basiert auf den Ergebnissen im Rahmen dieser Arbeit in Verbindung mit daraus abgeleiteten Erweiterungen zur Einführung von ML in industriellen Dienstleistungen.

<u>Vorphase:</u> Diese Phase entspricht der Service-Ideenphase und dient zur Schaffung eines Geschäftsverständnisses. In dieser Phase werden Ideen gesammelt

und generiert. Nach ideenspezifisch festgelegten Kriterien folgt eine Beurteilung der Idee. Die Schaffung eines Geschäftsverständnisses umfasst einerseits eine betriebswirtschaftliche Analyse der Idee, andererseits erfolgt in dieser Phase bereits eine Definition aus Sicht des ML-Problems. Das Ergebnis beinhaltet zudem mögliche Ziel- und Ergebnisvariablen in Bezug auf die zu bearbeitende Herausforderung.

Analysephase: Im Rahmen der Anforderungsanalyse müssen die internen und externen Anforderungen in Bezug auf die neu zu entwickelnde Dienstleistung aufgenommen, verglichen und eingeordnet werden. Dies umfasst ebenso eine Betrachtung des Marktes und der technologischen Anforderungen. Das Ergebnis der Anforderungsphase ist eine Dokumentation sämtlicher zu berücksichtigenden Anforderungen an die zu entwickelnde Dienstleistung. In dieser Phase werden noch nicht die spezifischen Anforderungen aus Sicht des ML-Problems und des Datensatzes beschrieben. Dies erfolgt im Rahmen des Prototyping.

Entwurfsphase: Der Entwurf der Dienstleistung umfasst mehrere Schritte sowie das Prototyping und lässt sich wie folgt beschreiben:

- Planung Service Design auf Grundlage der Vor- und Analysephase: Der Planungsschritt besteht darin, den neuen Service auf Grundlage der Ergebnisse aus der Vor- und Analysephase im Detail zu definieren und zu beschreiben. Das Dienstleistungskonzept gilt als Richtlinie für weitere Entwicklungsphasen in Bezug auf das Business und Governance Design oder das technische Design. Die Ergebnisse des Business und Governance Design fließen in den Schritt abgeschlossenes Design direkt mit ein. Das technische Design beschreibt die Grundlage des Prototyps und fließt in den Schritt ‚Bereitstellung Prototypen' mit ein.
- Bereitstellung Prototyp
  - o Anforderungen ML-Service-Design: Um die Bereitstellung des Prototyps zu ermöglichen, sind zunächst die Service-Design-Anforderungen speziell aus Sicht des ML-Problems zu erfassen. Dabei ist es von Bedeutung, den Hintergrund des gegenwärtigen Marktes, die Probleme und Herausforderungen zu verstehen, um das optimale Schema für die Messung, Analyse und Optimierung zu ermitteln. Dies umfasst ebenfalls die Ziel- und Ergebnisvariablen, die je nach Herausforderung variieren.
  - o Anforderung Analytische ML-Modelle: Je nach Herausforderung (z. B. Vorhersagemodell oder Erkennung von Verhaltensweisen) liegen unterschiedliche ML-Techniken oder -Algorithmen vor. In

diesem Schritt sind die Anforderungen an das analytische Modell in Bezug auf die Herausforderung zu definieren. Anschließend lassen sich unterschiedliche analytische Modelle und Techniken auf Grundlage der Herausforderung identifizieren. Sofern durch die Modelle spezifische Anforderungen an die Form der Daten vorliegen, sind die Informationen im Rahmen der Bereitstellung des Datensatzes zu berücksichtigen.

o Modellierung Service Design: Im Modellierungsschritt werden Modellierungstechniken (z. B. überwachte Lerntechniken) ausgewählt und angewendet und deren Parameter angepasst, sodass Verhaltensweisen etc. ausgewertet werden können. Häufig können mehrere Techniken für die gleiche Art von ML-Problem verwendet werden. Verschiedene ML-Algorithmen mit den gleichen Eingängen müssen getestet werden, um die Modelle bewerten zu können.

o Bewertung inkl. Abnahme Prototyp durch Kunde: In diesem Schritt wird das konstruierte Modell und die erkannten Muster überprüft und bewertet, um sicherzustellen, dass die Geschäftsziele ordnungsgemäß erreicht werden. Die experimentellen Ergebnisse lassen sich verifizieren, indem der Kunde mit einbezogen wird. Inwiefern die experimentellen Ergebnisse korrekt sind und welche Zusammenhänge bestehen, kann der Auftraggeber oftmals besser bewerten. Nimmt der Kunde die Ergebnisse des Prototyps nicht an, beginnt der Prozess der Bereitstellung des Prototyps erneut, indem im Rahmen des Schritts ‚Anforderungen ML-Service-Design' die neuen Anforderungen erhoben werden.

o Bereitstellung Prototyp: Zum Abschluss des Prozesses ‚Bereitstellung Prototyp' wird der erstellte Prototyp an den Schritt ‚Abgeschlossenes Service Design' übergeben.

• Bereitstellung Datensatz

o Anforderungen Datensatz, -quelle: In diesem Schritt werden die Ergebnisse aus dem Schritt ‚Anforderung Analytische ML-Modelle' verarbeitet, sofern durch die Modelle spezifische Anforderungen an die Form der Daten gestellt werden. Darüber hinaus erfolgen in diesem Zusammenhang die Definition und Strukturierung der Position der Daten in Datenbanken, da dies die Grundlage ist, auf der der ML-Algorithmus seine Berechnungen durchführt.

o Genauigkeit und Relevanz der Daten: Kriterien zur Genauigkeit der Daten umfassen die Glaubwürdigkeit, Richtigkeit, Objektivität sowie Reputation. Zur Relevanz der Daten zählen Mehrwert, Relevanz, Aktualität, Vollständigkeit und angemessene Menge an Daten. Diese Kriterien sind stets auf die Individuellen Anforderungen der Herausforderung hin zu prüfen. Es ist möglich, dass Kriterien dadurch obsolet sind oder weitere hinzugefügt werden müssen.

o Zugänglichkeit und Darstellung der Daten: Kriterien zur Zugänglichkeit der Daten umfassen die Verfügbarkeit und Zugriffssicherheit. Zur Darstellung der Daten zählen die Interpretierbarkeit, Verständlichkeit, repräsentative Konsistenz, übersichtliche Darstellung. Auch diese Kriterien sind stets an die individuellen Anforderungen der Herausforderung anzupassen, um diese ggf. zu streichen oder weitere hinzuzufügen.

o Datenvorverarbeitung: Der Schritt des Datenverständnisses beginnt mit einer ersten Datensammlung. Ziel ist es, die Daten besser zu verstehen und ggf. Datenqualitätsprobleme zu identifizieren, um erste Einblicke in die Daten zu erhalten oder relevante Teilmengen zu erkennen, um Informationen über versteckte Informationen zu liefern. Dieser Schritt umfasst sämtliche Aktivitäten zur Erstellung des endgültigen Datensatzes oder der Daten, die aus den ursprünglichen Rohdaten in das Modellierungstool eingegeben werden. Mögliche Aktivitäten sind: Auswahl relevanter Attribute zur Entwicklung eines DM- bzw. ML-Modells, Auswahl geeigneter Daten, Bereinigung der Daten, Entfernung falscher Daten, die bspw. ungültig oder unvollständig sind, Validierung des Datenabrufs, Erstellung von Trainingsdaten.

o Datenbewertung Abnahme Kunde Datensatz: In diesem Schritt wird der Datensatz überprüft und bewertet, um sicherzustellen, dass der Datensatz die Anforderungen erfüllt. Sofern der Auftraggeber den Datensatz nicht abnimmt, beginnt der Prozess mit der Erhebung und Verarbeitung der Anforderungen mit dem Schritt ‚Anforderungen Datensatz, -quelle' erneut.

o Bereitstellung Datensatz: In diesem Schritt wird der erstellte Datensatz an den Schritt ‚Modellierung Service Design' übergeben.

• Abgeschlossenes Service Design inkl. Ergebnis aus Prototyping: Die Ergebnisse der Prozessschritte ‚Planung Service Design auf Grundlage der Vor- und Analysephase' (des Business und Governance Design) sowie das Ergebnis im Rahmen der Erstellung des Prototyps werden in diesem Schritt zusammengefasst und an die Realisierungsphase übergeben.

Realisierungsphase: Der Test umfasst eine Prüfung, ob die Dienstleistung (inkl. Hard- und Software) korrekt funktioniert. Weitere Testverfahren sind individuell mit den Kunden zu planen und durchzuführen. Die Bereitstellung umfasst das Projektmanagement mit dem Kunden zur technischen Bereitstellung der Dienstleistung. Der ML-Ansatz ist so zu übergeben, dass der Kunde diesen nutzen kann. Die Komplexität der Bereitstellungsphase variiert dabei von Kunde zu Kunde. Neben der technischen Bereitstellung des Service ist ein Abschlussbericht, eine entsprechende Dokumentation und eine Auskunft zum Service-Level-Agreement (SLA) bereitzustellen.

Abschlussphase: Der Kunde bewertet den bereitgestellten und getesteten Service und nimmt diesen ab. Sofern der Service nicht vom Kunden abgenommen wird, beginnt die Service-Evolutions-Phase. Diese beinhaltet die Erhebung neuer Anforderungen hinsichtlich des Service, um diesen zu verbessern oder neu zu entwickeln. Anschließend beginnt der Prozess erneut mit der Vorphase. Eine Dienstleistung ist aus dem Betrieb zu nehmen, sobald sie nicht mehr die gewünschten wirtschaftlichen Erträge liefert.

In Abbildung 10 wird das hergeleitete Vorgehensmodell dargestellt. Tabelle 9 und Tabelle 10 fassen die Aufgaben übersichtlich zusammen. Im Anschluss an die Konzeption erfolgt nun die Evaluation des Vorgehensmodells.

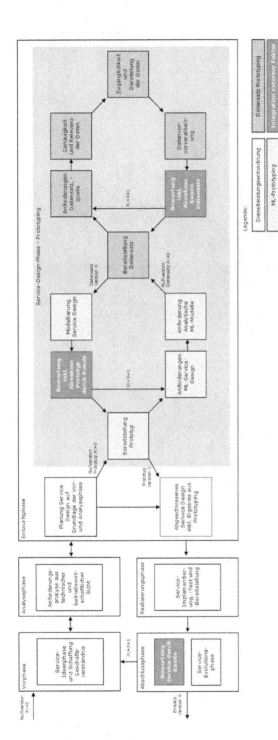

Abbildung 10: Vorgehensmodell zur Einführung von maschinellem Lernen in industriellen Dienstleistungen

Quelle: Eigene Darstellung, 2018

Vorphase	Analysephase	Entwurfsphase	
Service-Ideenphase und Schaffung Geschäftsverständnis	Anforderungsanalyse aus technischer und betriebswirtschaftlicher Sicht	Planung Service Design auf Grundlage der Vor- und Analysephase	Bereitstellung Prototyp
Sammlung und Generierung von Ideen Beurteilung der Ideen; betriebswirtschaftliche Analyse der Ideen Definition der Idee aus Sicht des ML-Problems	Erhebung von internen und externen Anforderungen in Bezug auf die neu zu entwickelnde Dienstleistung Vergleich und Einordnung der Anforderungen Betrachtung des Marktes und der technologischen Anforderungen	Definition des neuen Service auf Grundlage der Ergebnisse aus der Vor- und Analysephase Bereitstellung einer Richtlinie für das Business und Governance Design (fließt in den Prozessschritt ‚Abgeschlossenes Service Design' ein) Bereitstellung des technischen Designs (fließt in den Prozessschritt ‚Bereitstellung Prototyp' ein)	Anforderungen ML-Service-Design: Erfassung der Service-Design-Anforderungen aus Sicht des ML-Problems; Darstellung eines optimalen Schemas für Messung, Analyse und Optimierung; Definition der Ziel- und Ergebnisvariablen Anforderung Analytische ML-Modelle: Definition der Anforderungen an analytische Modelle; Auswahl der ML-Techniken oder -Algorithmen; Berücksichtigung spezifischer Anforderungen an Daten Modellierung Service Design: Anwendung unterschiedlicher Modellierungstechniken und ML-Algorithmen mit gleichen Eingaben; Prüfung und Bewertung des konstruierten Modells Bewertung inkl. Abnahme Prototyp durch Kunde: Verifizierung der Ergebnisse durch den Auftraggeber; bei Nicht-Abnahme des Prototyps beginnt der Prozess neu mit dem Prozessschritt ‚Anforderungen ML-Service-Design' Bereitstellung Prototyp: Übergabe des Prototyps an den Prozessschritt ‚Abgeschlossenes Service Design'

Tabelle 9: Übersicht der Aufgaben der einzelnen Phasen I
Quelle: Eigene Darstellung, 2018

Entwurfsphase		Realisierungsphase		Abschlussphase
Bereitstellung Datensatz	Abgeschlossenes Service Design inkl. Ergebnis aus Prototyping	Service-Implementierung, -Test und -Bereitstellung		Bewertung Service durch Kunde sowie Service-Evolutions-Phase
Anforderungen Datensatz- quelle: Verarbeitung der Ergebnisse des Prozessschritts ‚Anforderung analytische ML-Modelle'; Festlegung und Strukturierung des Speicherorts der Daten in Datenbanken Genauigkeit und Relevanz der Daten: Prüfung der Kriterien zur Genauigkeit und Relevanz der Daten Zugänglichkeit und Darstellung der Daten: Prüfung der Kriterien zur Zugänglichkeit und Darstellung der Daten	Datenvorverarbeitung: Datenverständnis aufbauen und Datensammlung. Ziel ist es, Daten besser zu verstehen, Datenqualitätsprobleme zu identifizieren, Einblicke in die Daten zu erhalten Datenbewertung Abnahme Kunde Datensatz: Prüfung und Bewertung des Datensatzes; bei Nicht-Abnahme des Datensatzes beginnt der Prozess neu mit dem Prozessschritt ‚Anforderungen Datensatz, -quelle' Bereitstellung Datensatz: Übergabe an den Prozessschritt ‚Modellierung Service Design'	Prüfung, ob Hard- und Software korrekt funktionieren. Ggf. Definition und Durchführung weiterer Testverfahren (Absprache mit dem Kunden) Projektmanagement mit dem Kunden zur technischen Bereitstellung der Dienstleistung Bereitstellung des Abschlussberichts, der Dokumentation, Erfüllung der SLA-Bedingungen	Zusammenfassung der Ergebnisse der Prozessschritte ‚Planung Service Design' und ‚Bereitstellung Prototyp' Übergabe der Ergebnisse an die Realisierungsphase	Abnahme des bereitgestellten und getesteten Service durch den Kunden Bei Nicht-Abnahme beginnt die Service-Evolutions-Phase: Erhebung neuer Anforderungen hinsichtlich des Service im Rahmen der Vorphase Wenn eine Dienstleistung wirtschaftlich keinen Ertrag abwirft, wird der Betrieb eingestellt

Tabelle 10: Übersicht der Aufgaben der einzelnen Phasen II
Quelle: Eigene Darstellung, 2018

51

4.3 Evaluation des neu konzipierten Vorgehensmodells

Um für diese Arbeit Qualitätsmerkmale für das konzeptionierte Vorgehensmodell zu definieren, orientiert sich diese Arbeit an den nachfolgenden Eigenschaften. Tabelle 11 führt Qualitätseigenschaften sowie deren Definitionen und Item-Aussagen zur Bewertung von konzeptionellen Modellen auf (vgl. Poels et al. 2005, 378); (vgl. Lindland, Sindre und Solvberg 1994, 46–47).

Name	Qualitätseigenschaft	Definition	Item-Aussage
Richtig	Richtigkeit	Alle Aussagen in dem Schema sind richtig und relevant für den Problembereich.	Das konzeptionelle Schema repräsentiert den Geschäftsprozess korrekt.
Relevant	Richtigkeit	Alle Aussagen in dem Schema sind richtig und relevant für den Problembereich.	Das konzeptionelle Schema zeigt nur relevante Entitäten, Beziehungen und strukturelle Einschränkungen.
Komplett	Vollständigkeit	Das Schema enthält alle Aussagen zur Problemdomäne, die korrekt und relevant sind.	Das konzeptionelle Schema gibt eine vollständige Darstellung des Geschäftsprozesses wieder.
Angemessen	Vollständigkeit	Das Schema enthält alle Aussagen zur Problemdomäne, die korrekt und relevant sind.	Entitäten, Beziehungen oder strukturelle Einschränkungen müssen hinzugefügt werden, um den Geschäftsprozess angemessen darzustellen.
Minimal	Minimalität	Das Schema enthält keine Anweisungen, die die Problemdomäne zu stark einschränken.	Keine der Entitäten, Beziehungen und strukturellen Einschränkungen im konzeptionellen Schema kann entfernt werden.
Konsistent	Konsistenz	Das Schema enthält keine wider-	Das konzeptionelle Schema enthält In-

		sprüchlichen Aus- sagen.	konsistenzen.

Tabelle 11: Übersicht der Qualitätseigenschaften
Quelle: Eigene Darstellung in Anlehnung an *Poels et al.* 2005, 378

Poels et al. (2005) verfeinern zudem die genannten Qualitätseigenschaften und Item-Aussagen, indem sie diese mit den Eigenschaften nach *Shanks, Tansley und Weber* (2003) in Verbindung setzen (vgl. Poels et al. 2005, 380).

Die Studie von *Shanks, Tansley und Weber* (2003) umfasst die nachfolgenden Eigenschaften. Genauigkeit: Das Modell sollte die Semantik des Schwerpunktbereiches, wie er von den betreffenden Stakeholdern wahrgenommen wird, genau wiedergeben. Vollständigkeit: Das Modell sollte vollständig die Semantik des betreffenden Bereichs repräsentieren, wie er von den im Fokus stehenden Stakeholdern wahrgenommen wird. Konfliktfrei: Die in verschiedenen Teilen des Modells dargestellten Semantiken sollten sich nicht widersprechen. Keine Redundanz: Um die Wahrscheinlichkeit von Konflikten zu verringern, wenn das Modell später aktualisiert wird, sollte das Modell keine redundante Semantik enthalten (vgl. Shanks, Tansley und Weber 2003, 86).

Tabelle 12 gibt die von *Poels et al.* (2005) vorgenommene Verfeinerung der I-tem-Aussagen und den Bezug zu den Eigenschaften nach *Shanks, Tansley und Weber* (2003) wieder. Als geeignete Beschreibung des Schwerpunktbereichs gilt für diese Arbeit der Begriff ‚Vorgehensmodell', der entsprechend in den Aussagen berücksichtigt wird.

Name	Qualitätseigenschaft	Bezug zu Ei- genschaften nach *Shanks et al.*	Item-Aussage
Richtig	Richtigkeit	Genauigkeit	Das konzeptionelle Schema repräsentiert das Vorgehensmodell korrekt.
Relevant	Richtigkeit	Genauigkeit	Alle Elemente im konzeptionellen Schema sind für die Darstellung des Vorgehensmodells relevant.
Komplett	Vollständigkeit	Vollständigkeit	Das konzeptionelle Schema gibt eine vollständige Darstellung

			des Vorgehensmodells wieder.
Angemessen	Vollständigkeit	Vollständigkeit	Elemente müssen hinzugefügt werden, um das Vorgehensmodell genau darzustellen.
Minimal	Minimalität	Keine Redundanz	Das konzeptionelle Schema enthält redundante Elemente.
Konsistent	Konsistenz	Konfliktfrei:	Das konzeptionelle Schema enthält widersprüchliche Elemente.

Tabelle 12: Übersicht der verfeinerten Qualitätseigenschaften
Quelle: Eigene Darstellung in Anlehnung an *Poels et al.* 2005, 381

Tabelle 12 bildet die Grundlage für die Bewertung des neu konzipierten Vorgehensmodells. Die Bewertung erfolgt, indem die Item-Aussagen zu den jeweiligen Qualitätseigenschaften aus Tabelle 12 im Hinblick auf das neu konzipierte Vorgehensmodells differenziert betrachtet werden. Die Wertung wird dabei auf Grundlage des Wertungsschemas aus Kapitel 3.3 vorgenommen. Die Ergebnisse der Bewertung fasst Tabelle 13 zusammen.

Name, Qualitätseigenschaft sowie Bezug zu Eigenschaften nach *Shanks, Tansley und Weber* (2003)	Wertung	Anmerkung zur Item-Aussage
Richtig (Richtigkeit/Genauigkeit)	0	Wie in Kapitel 2.3.1 beschrieben, besteht ein typisches Vorgehensmodell aus den Phasen Vorphase, Analysephase, Entwurfsphase, Realisierungsphase und Abschlussphase. Diese Phasen sind im Modell berücksichtigt. Es handelt sich um ein Vorgehensmodell zur Integration von ML in industriellen Dienstleistungen. Für diese Herausforderung wurden drei Iterationen eingebunden, die auf die Bereiche Dienstleistungsentwicklung, ML-Integration und Datenqualität ausgerichtet sind. Das Modell wurde allerdings nicht im Rahmen einer praktischen Untersuchung getestet,

Name, Qualitätseigenschaft sowie Bezug zu Eigenschaften nach *Shanks, Tansley und Weber* (2003)	Wertung	Anmerkung zur Item-Aussage
		sodass die Richtigkeit des Modells nicht bewertet werden kann.
Relevant (Richtigkeit/Genauigkeit)	+	Die einzelnen Elemente des Modells bauen aufeinander auf und sind relevant für das Vorgehensmodell. Es sind keine Elemente enthalten, die nicht in Zusammenhang mit der Herausforderung stehen. Auch der Einbezug des externen Faktors in den Elementen ist relevant, da es z. B. bedeutsam ist, die Ergebnisse der Service-Design-Phase - Prototyping mit dem externen Faktor zu evaluieren.
Komplett (Vollständigkeit/Vollständigkeit)	++	Das Modell gibt die Phasen von der Generierung einer Dienstleistungs-Idee bis zur Neugestaltung der Dienstleistung vollständig wieder. Somit liegt eine vollständige Darstellung vor.

Name, Qualitätseigenschaft sowie Bezug zu Eigenschaften nach *Shanks, Tansley und Weber* (2003)	Wertung	Anmerkung zur Item-Aussage
Angemessen (Vollständigkeit / Vollständigkeit)	+	Für eine genaue Darstellung sind sämtliche Elemente im Modell vorhanden. Dazu zählen die grundsätzlichen Elemente zur Entwicklung einer Dienstleistung, die Elemente, die im Rahmen von ML-Projekten zu berücksichtigen sind, sowie Elemente, um die Datenqualität sicherzustellen. Durch diese zahlreichen Elemente ist der Komplexitätsgrad erhöht und die Übersichtlichkeit erschwert. Die einzelnen Schritte sind jedoch notwendig, um die Anforderungen des Auftraggebers erfüllen zu können.
Minimal (Minimalität/Keine Redundanz)	+	Auf den ersten Blick enthält das konzeptionelle Schema in Form der Integration des externen Faktors und der Anforderungsanalyse redundante Elemente. Diese Elemente beziehen sich jedoch stets auf jeweils unterschiedliche Fortschritte im Projekt. Zunächst erfolgt die Abnahme des Datensatzes, im Anschluss das Ergebnis des ML-Algorithmus und abschließend die Abnahme der gesamten Dienstleistung. Zur Anforderungsanalyse werden in jeder Iteration individuelle Analysen durchgeführt.
Konsistent (Konsistenz/Konfliktfrei)	++	Die Inhalte des Modells bauen aufeinander auf und ergänzen sich.

Tabelle 13: Evaluation der Qualität des konzipierten Vorgehensmodells
Quelle: Eigene Darstellung, 2018

Aus der erfolgten Evaluation der Qualität des konzipierten Vorgehensmodells geht hervor, dass das Modell durch die Vielzahl an Elementen eine hohe Komplexität aufweist und dadurch die Übersichtlichkeit erschwert ist. Es soll daher im Folgenden auch die pragmatische Qualität des Modells bewertet werden. Dazu werden folgende Eigenschaften herangezogen und an den Kontext dieser Arbeit angepasst (vgl. Storch, Laue und Gruhn 2017, 3):

Verständnis: Es sollte möglich sein, das Modell ohne zu viel Aufwand zu verstehen.

Wartbarkeit: Es sollte möglich sein, das Modell ohne Schwierigkeiten zu ändern.

Anpassungsfähigkeit: Es sollte nicht mit Schwierigkeiten verbunden sein, das Modell in andere Modelltypen zu transformieren.

Eigenschaft	Wertung	Begründung
Verständnis	-	Das Modell enthält drei Iterationen und eine Vielzahl an Elementen, sodass es einer Einarbeitungsphase bedarf, um ein umfassendes Verständnis des Modells sicherzustellen.
Wartbarkeit	-	Es ist mit Schwierigkeiten verbunden, das Modell zu ändern, da bspw. Elemente aus der zweiten Iteration Input für die dritte Iteration liefern und umgekehrt.
Anpassungsfähigkeit	-	Eine Umwandlung des Modells in bspw. ein Wasserfallmodell ist aufgrund der enthaltenen Iterationen mit Schwierigkeiten verbunden. Ein Umbau bedeutet, dass das gesamte Modell neu zu erfassen ist, sodass ggf. auch Elemente hinzugefügt oder entfernt werden müssen.

Tabelle 14: Evaluation der pragmatischen Qualität des konzipierten Vorgehensmodells
Quelle: Eigene Darstellung, 2018

Dieser Abschnitt zeigt, dass das im Rahmen dieser Arbeit konzipierte Vorgehensmodell die Qualitätskriterien teilweise gut erfüllt, allerdings auch mit einer hohen Komplexität einhergeht. Dadurch ist es erschwert, das Modell mit möglichst geringem Aufwand zu verstehen oder das Modell beliebig anzupassen.

Dieses Kapitel veranschaulichte die Herleitung des Vorgehensmodells zur Einführung von ML in industriellen Dienstleistungen. Darüber hinaus wurde das Modell anhand von Qualitätseigenschaften evaluiert.

5 Zusammenfassung und Ausblick

Nach der Konzeption und Evaluierung des Vorgehensmodells zur Einführung von ML in industriellen Dienstleistungen sollen nun die Ergebnisse dieser Arbeit zusammengefasst und kritisch betrachtet werden, um anschließend mögliche weitere Forschungsschwerpunkte in einem Ausblick darzustellen.

5.1 Zusammenfassung und kritische Würdigung der Arbeit

In der vorliegenden Arbeit wurden im ersten Schritt mögliche Herausforderungen betrachtet, die im Kontext der nächsten industriellen Revolution für Unternehmen entstehen. Im Fokus stehen dabei die Bereiche KI und ML. Die Ausführungen der Einleitung zeigen, dass der Einsatz von KI bzw. ML in industriellen Dienstleistungen Mehrwerte bieten kann. Projekte zur Einführung von KI bzw. ML scheitern jedoch häufig daran, dass Unternehmen dabei ohne vorherige Planung und definierte Prozesse vorgehen. Auf Grundlage dieser herausgearbeiteten Forschungslücke bearbeitet die Arbeit folgende Forschungsfrage: Wie muss ein Vorgehensmodell konzipiert sein, um eine erfolgreiche Einführung von maschinellem Lernen in industriellen Dienstleistungen zu ermöglichen?

Im Grundlagenteil, Kapitel 2, dieser Arbeit wurden zunächst die einschlägigen Begriffe und Grundlagen zum Forschungskontext erläutert. Diese umfassen den Industrie- und Dienstleistungsbegriff, die Themenfelder KI und ML sowie eine Einführung zu Vorgehensmodellen und die Vorstellung des Modelltyps, der als Grundlage für die Konzeption des Vorgehensmodells in Frage kommt. Der Grundlagenteil schließt mit dem aktuellen Forschungsstand zu Vorgehensmodellen zur Einführung von ML in industriellen Dienstleistungen. Die Ergebnisse zum aktuellen Forschungsstand zeigen, dass zum Zeitpunkt des Verfassens dieser Arbeit kein Modell vorliegt, das Unternehmen bei der Einführung von ML in industriellen Dienstleistungen umfassend unterstützt.

Infolgedessen wurden im ersten Hauptteil der Arbeit, Kapitel 3, zunächst Anforderungen an das Vorgehensmodell ermittelt und erläutert, um Vorgehensmodelle, die als Grundlage bei der Konzeption herangezogen wurden, zu analysieren und zu vergleichen. Basierend auf den Ergebnissen wurde das Prozessmodell zur Dienstleistungsentwicklung sowie das CRIPS-DM und KDD-Modell für den ML-Bereich bei der Konzeption des Vorgehensmodells berücksichtigt.

Im Zuge der Konzeption des Vorgehensmodells im zweiten Hauptteil der Arbeit, Kapitel 4, wurden zunächst die Vorüberlegungen zur Herleitung des Modells vorgestellt. Das Modell stellt eine Kombination aus dem evolutionären und dem Prototyping-Modell dar. Es enthält drei Iterationen und verfolgt in der Entwurfsphase eine Prototypen-Vorgehensweise zur Entwicklung des ML-Ansatzes. Dabei wurde eine Iteration eingebunden, um einen Datensatz mit einer hohen Datenqualität zur Verfügung zu stellen. Die Datenqualität stellt in ML-Projekten häufig eine große Herausforderung dar, sodass das Modell auch für dieses Problemfeld eine Lösung bietet. Des Weiteren umfasst das Modell mit den Phasen Vorphase, Analysephase, Entwurfsphase, Realisierungsphase und Abschlussphase die typischen Phasen eines Vorgehensmodells. Die anschließende Evaluierung des Modells auf Grundlage von Qualitätsmerkmalen für konzeptionelle Modelle ergab, dass das Modell die Anforderungen grundsätzlich erfüllt, jedoch Schwächen hinsichtlich der Verständlichkeit, Wartbarkeit und Anpassbarkeit aufweist. Ergebnis dieser Arbeit ist somit ein Vorgehensmodell zur Einführung von ML in industriellen Dienstleistungen mit einem zusätzlichen Fokus auf die Datenqualität.

Für eine strukturierte und systematische kritische Würdigung der vorliegenden Arbeit wird diese in zwei Schritte unterteilt. Zunächst werden die Ergebnisse sowie Probleme bzw. Chancen zur aufgestellten Leitfrage sowie den weiteren Forschungsfragen in Kapitel 1 zusammengefasst und dargestellt. Die Forschungsfragen bilden dabei die Grundlage für die Beantwortung der Leitfrage. Dieser Teil umfasst die kritische Würdigung der Ergebnisse zu den einzelnen Forschungsfragen, im Zuge derer die Ergebnisse logisch beurteilt werden. Die kritische Würdigung schließt mit einer Einordnung der Ergebnisse im Hinblick auf die praktische Nutzung des konzipierten Vorgehensmodells in der Industrie.

Die erste Forschungsfrage beschäftigt sich mit der Problematik, welche Ansätze, Rahmenwerke oder Vorgehensmodelle aus der wissenschaftlichen Literatur zur Einführung von ML in industriellen Dienstleistungen herangezogen werden können. Der aktuelle Forschungsstand umfasst sechs Ansätze, die relevant für diese Arbeit sind. *Mushiri, Hungwe und Mbohwa* (2017) zeigen eine Roadmap auf, um KI in den Bereich Instandhaltung zu integrieren. *Nienke et al.* (2017) hingegen schlagen ein Reifegrad-Modell vor, nach dem VI in den Bereich des Energiemanagements implementiert werden kann. Diese Modelle beinhalten jedoch nicht die typischen Schritte eines Vorgehensmodells (siehe Kapitel 2.3.1). Aufgrund dieses Mangels an Vorgehensmodellen im Forschungskontext wurde der Schwerpunkt auf Modelle zur Dienstleistungsentwicklung und Lösung von ML-Problemen erweitert. Die herangezogenen Modelle sind allerdings in ihrem ursprünglichen Aufbau und Ablauf nicht geeignet, die in dieser Arbeit anzugehende Herausforderung zu bearbeiten, da sie auf ihre Bereiche Dienstleistungsentwicklung und Bearbeitung von ML Problemstellungen ausgerichtet sind. Dennoch lassen sich die Modelle als Grundlage für die Konzeption des Vorgehensmodells verwenden. Aus dem Bereich der Dienstleistungsentwicklung konnte das Prozessmodell zur Serviceentwicklung nach *Freitag* (2013) sowie das Modell zum industriellen Service Engineering nach *Luczak et al.* (2006) herausgearbeitet werden. Der Bereich ML umfasst das CRISP-DM-Modell nach *Shearer* (2000) und das KDD-Modell nach *Fayyad, Piatetsky-Shapiro und Smyth* (1996).

Problematisch ist, dass der Umfang der herangezogenen Modelle eng gefasst ist und sich die vorliegende Arbeit nur auf die o. g. Modelle fokussiert. Es kann keine generelle Aussage darüber getroffen werden, ob sämtliche relevanten Modelle im Rahmen dieser Arbeit berücksichtigt wurden. Bei Einbeziehung sämtlicher in der Literatur vorliegender Modelle könnten die Ergebnisse dieser Arbeit abweichen, da die nicht berücksichtigten Modelle ggf. Ansätze bieten, die für die vorliegende Herausforderung von Vorteil sind.

Die zweite Forschungsfrage geht auf die Vorgehensweise ein, nach der sich die relevanten Ansätze, Rahmenwerke oder Vorgehensmodelle analysieren und vergleichen lassen. Dafür zeigt die Arbeit den nachfolgenden Lösungsweg auf. Zunächst wurde ein Rahmenwerk zur Bewertung und zum Vergleich der Modelle beschrieben. Das Rahmenwerk umfasst die Anforderungen zur Entwicklung einer Dienstleistung und eines ML-Ansatzes. Zu der Herausforderung dieser Arbeit liegt kein Anforderungskatalog in der Literatur vor, sodass Anforderungen im Rahmen einer Literaturrecherche erarbeitet wurden. Diese wurden erläutert und auf Grundlage eines erarbeiteten Wertungsschemas für die Analyse und den Vergleich der Modelle herangezogen. Ergebnis dieser Analyse war, dass sich das Prozessmodell zur Serviceentwicklung sowie das CRIPS-DM- und KDD-Modell für die Konzeption des Vorgehensmodells eignen.

Die Anforderungen wurden aus Studien zum Forschungskontext abgeleitet. Kritisch zu bewerten ist, dass ggf. nicht alle Anforderungen berücksichtigt wurden, da kein gesamter Überblick zu allen Studien vorliegt. Es ist daher möglich, dass Anforderungen fehlen bzw. einzelne definierte Anforderungen für diese Herausforderung nicht relevant sind.

Die dritte Forschungsfrage befasst sich damit, inwiefern sich die Erkenntnisse aus den herangezogenen Vorgehensmodellen zusammenführen lassen, um ein wissenschaftlich fundiertes Vorgehensmodell zur Einführung von ML in industriellen Dienstleistungen zu konzipieren. Da die Literatur kein Standard-Vorgehensmodell für die Einführung von ML in industriellen Dienstleistungen bietet, wurde ein Modell basierend auf einer Kombination des evolutionären und des Prototyping-Modells verwendet. Studien zeigen, dass die Verbindung dieser beiden Vorgehensweisen möglich ist und für den Entwicklungsprozess Vorteile bietet. So können die Produkte in mehreren Phasen qualitativ verbessert werden, der Kunde ist in den Entwicklungsprozess eingebunden und die Prototypen geben dem Kunden eine Übersicht, welche Ergebnisse der ML-Ansatz liefert. Die Erkenntnisse aus der Analyse wurden anschließend in die typischen Phasen eines Vorgehensmodells, bestehend aus Vorphase, Analysephase, Entwurfsphase, Realisierungsphase und Abschlussphase eingearbeitet. Eine weitere Fragestellung, die sich im Zuge der Untersuchung ergab, war das Thema Datenqualität. Die Ergebnisse der Literaturrecherche zeigen, dass die Verarbeitung großer Datenmengen und die Sicherstellung der Datenqualität eine große Herausforderung für ML-Projekte darstellt (siehe Kapitel 4.2.1). Aus diesem Grund wurde bei der Herleitung des Vorgehensmodells auch ein Fokus auf das Problemfeld Datenqualität gelegt.

Es lässt sich nicht abschließend beurteilen, ob die Wahl einer Kombination des evolutionären und Prototyping-Ansatzes zielführend ist. Diese bietet jedoch Vorteile zur Lösung eines komplexen Problems und die Konzeption des Modells konnte auf Grundlage der Kombination erfolgen. Als Nachteil ist jedoch zu nennen, dass das Vorgehensmodell im Rahmen eines komplexen Projekts hohe Anforderungen an den verantwortlichen Mitarbeiter stellt. Des Weiteren ist nicht bekannt, ob bereits eine Kombination der Modelle in den Unternehmen zum Einsatz kommt oder ob die Komplexität der Projekte sich dadurch erhöht.

Die vierte Forschungsfrage beschäftigt sich mit der Frage, wie sich das neu konzipierte Vorgehensmodell evaluieren lässt. Auch für diese Problemstellung liegt kein Anforderungskatalog in der Literatur vor. Es wurden daher Qualitätsmerkmale zu konzeptionellen Modellen hergeleitet und das Vorgehensmodell auf Grundlage des in Kapitel 3.3 aufgestellten Wertungsschemas evaluiert. Das Ergebnis der Evaluierung zeigt, dass das Modell die Qualitätsmerkmale erfüllt. Allerdings liegen Schwächen hinsichtlich der Verständlichkeit, Wartbarkeit und Anpassbarkeit vor. Ohne Einarbeitung ist ein umfassendes Verständnis des Modells nicht sichergestellt und aufgrund der Vielzahl an Elementen, die aufeinander aufbauen, kann das Modell nur bedingt auf andere Anwendungsfälle angepasst werden. Aufgrund der Vielzahl der Elemente ist es außerdem schwierig das Modell in einen neuen Modelltypen zu überführen.

Grundsätzlich ist die subjektive Bewertung der Ergebnisse problematisch. Im Rahmen einer empirischen Untersuchung wäre es möglich, Erfahrungen mit dem

Vorgehensmodell zu sammeln und das Modell entsprechend anzupassen. Dies würde ggf. dazu führen, dass einerseits die Richtigkeit des Modells belegbar ist und andererseits die pragmatischen Qualitätskriterien besser bewertbar sind.

Mit Beantwortung der Forschungsfragen lässt sich nun ebenfalls die Leitfrage dieser Arbeit beantworten. Diese umfasst die Herausforderung, ein Vorgehensmodell zu konstruieren, um erfolgreich ML in industriellen Dienstleistungen einzuführen. Diese Untersuchung zeigt, wie sich ein Vorgehensmodell zur Einführung von ML in industriellen Dienstleistungen aufbauen lässt, um Unternehmen der Industrie eine grundlegende Vorgehensweise zur Verfügung zu stellen. Die Evaluierung des Modells basiert auf der Grundlage von Qualitätsmerkmalen zu konzeptionellen Modellen. Das Ergebnis ist, dass das Modell alle relevanten Bausteine eines Vorgehensmodells umfasst sowie die Schritte beschreibt, die zur Entwicklung einer Dienstleistung erforderlich sind. Ebenso umfasst das Modell die Schritte zum Aufbau eines ML-Ansatzes. Sämtliche Elemente bauen aufeinander auf, sodass das Modell konsistent ist. Die Richtigkeit des Modells ist allerdings nicht bewertbar, da die Evaluation nicht in Form einer empirischen Untersuchung erfolgt ist. Darüber hinaus besteht das Modell aus zahlreichen Elementen, sodass die Komplexität hoch ist und damit das Verständnis, die Wartbarkeit und eine Anpassung des Vorgehensmodells erschwert ist.

Angesichts der Komplexität des Modells ist kritisch zu reflektieren, ob es sinnvoll ist, für die Abnahme des Kunden jeweils einen Prozessschritt einzubauen. Eine andere Möglichkeit besteht darin, in der Beschreibung der einzelnen Schritte darauf hinzuweisen, dass eine Integration des externen Faktors in diesem Schritt erforderlich ist. Grund für diese Modellierung ist jedoch, dass der Integration des externen Faktors ein hoher Stellenwert zukommen sollte. Wenn der Kunde bei der Entwicklung der Dienstleistung nicht eingebunden ist, kann es sein, dass die entwickelte Dienstleistung nicht den Anforderungen des Kunden entspricht. Besonders in ML-Projekten sollte der Kunde tief im Projekt eingebunden sein, da oft der Kunde Ergebnisse von Algorithmen besser als Dienstleister etc. bewerten kann.

Zudem liegt in jeder Phase ein Schritt vor, um die Anforderungen des jeweiligen Prozesses (Dienstleistungsentwicklung, ML-Anforderungen, Datenschatz-Anforderungen) zu erheben. Grundsätzlich wäre es möglich, sämtliche Anforderungen in einer Phase zu ermitteln. So lässt sich das Modell ebenfalls vereinfachen. Die Teilung der Anforderungsanalyse liegt jedoch darin begründet, dass ggf. andere Projektteilnehmer in den entsprechenden Phasen die Anforderungen erheben und dadurch ggf. andere Sichtweisen in die Analyse einbringen, da ein anderes Kompetenzprofil vorliegt.

Darüber hinaus wurde zum Bereich Datenqualität eine eigene Iteration eingebunden. Die Literatur zeigt, dass Herausforderungen bei der Verarbeitung großer Datenmengen bestehen. Als problematisch zu bewerten ist in diesem Modell die Wahl der Informationsqualitätsmerkmale. Diese basieren zwar auf der empirischen Untersuchung nach *Wang und Strong* (1996), allerdings müssen diese Kriterien nicht korrekt sein. Das Modell könnte auch nur darauf hinweisen, sich mit dem Thema Datenqualität auseinanderzusetzen. Für jedes Projekt sind im Idealfall eigene Informationsqualitätskriterien festzulegen, um einen qualitativ höherwertigen Datensatz aufbereiten zu können. So ist es möglich, dass die Iteration zur Datenqualität für einzelne Projekte unbrauchbar ist, während für andere Projekte evtl. nicht hinreichend Schritte vorhanden sind, die Datenqualität sicherzustellen.

Eine weitere Problematik könnte zudem in Form der Bestimmung der Daten vorliegen. Der Zugriff der Daten erfolgt in unterschiedlichen Datenbanken, in der Cloud oder auf Festplatten. Um die Zugänglichkeit der Daten sicherzustellen, liefert das Modell keine Vorgehensweise. So ist es möglich, dass vor dem ML-Projekt zunächst die Zugänglichkeit der Daten zu gewährleisten ist, um auch eine Grundlage für den ML-Algorithmus liefern zu können.

Für die Praxis bedeuten diese Ergebnisse, dass nun ein Vorgehensmodell zur Einführung von ML in industriellen Dienstleistungen vorliegt, das Unternehmen dabei unterstützt, diese Projekte durchzuführen. Für Unternehmen ist das Modell grundsätzlich verwendbar. Es enthält die typischen Phasen eines Vorgehensmodells mit der Vorphase, Analysephase, Entwurfsphase, Realisierungsphase und Abschlussphase. Darüber hinaus wird eine Prototypen-Vorgehensweise verfolgt, sodass Unternehmen tief in den Prozess eingebunden werden und stets die Ergebnisse beurteilen können. Zudem enthält das Modell zur Entwicklung des ML-Ansatzes zwei Iterationen, die auf Grundlage der Prototypen-Vorgehensweise durchgeführt werden. Die erste Iteration fokussiert sich auf die Anwendung eines ML-Algorithmus, während die zweite Iteration auf die Sicherstellung der Datenqualität ausgerichtet ist. Unternehmen müssen in dieser Iteration kritisch beurteilen, welche die richtigen ML-Modell- und Datensatzkriterien für das entsprechende Projekt sind, um qualitativ hochwertige Ergebnisse zu erzielen.

Für die Praxis liegt somit ein verwendbares Vorgehensmodell zur Einführung von ML in industriellen Dienstleistungen vor. Es handelt sich um ein komplexes Modell, was auf die Herausforderung zurückzuführen ist. Dennoch sind die Elemente des Modells notwendig, um die Anforderungen von internen oder externen Auftraggebern zu erfüllen.

5.2 Ausblick

Aufgrund der theoretischen Ausrichtung dieser Arbeit liegt die Empfehlung nahe, eine weiterführende Forschung im Rahmen einer empirischen Untersuchung des konzipierten Modells durchzuführen. Eine mögliche Untersuchung wäre eine qualitative Untersuchung, im Zuge derer Experten zu dem Modell befragt und die Ergebnisse dieser Befragung entsprechend in der Arbeit dargestellt werden. Darüber hinaus ist es möglich, das Modell im Rahmen eines Anwendungsfalls in einem Unternehmen zu bewerten. Auch die Veröffentlichung des Modells inkl. einer detaillierten Erklärung würde neue Erkenntnisse zu der Richtigkeit des Vorgehensmodells liefern, sofern die Nutzer das Modell bewerten.

Darüber hinaus sind weitere Untersuchungen zu empfehlen. Es wurde festgestellt, dass ggf. nicht alle relevanten Modelle betrachtet wurden, da dies den Rahmen der Arbeit überschreiten würde. Es ist daher eine Studie zu empfehlen, die sämtliche Modelle im Forschungskontext zusammenfasst. Daraus lassen sich ggf. Erkenntnisse gewinnen, um das Vorgehensmodell weiter zu optimieren.

Auch zum Bereich der Informationsqualitätskriterien und ML-Algorithmen sind weitere Forschungsarbeiten zu empfehlen. Dabei sollte die Zielsetzung verfolgt werden, einen Katalog zu erarbeiten, der je nach Herausforderung die passenden Informationsqualitätskriterien und ML-Algorithmen liefert. So können sich Unternehmen auf die wesentlichen Kriterien und Algorithmen fokussieren und diese in Abhängigkeit zu den Anforderungen anpassen.

Ein weiterer Forschungsschwerpunkt liegt in der Nutzbarkeit des Modells. Die Bewertung der pragmatischen Qualität ergab, dass das Modell noch Schwächen in Bezug auf dessen Verständlichkeit, Wartbarkeit und Anpassungsfähigkeit aufweist. Es könnte daher ebenfalls untersucht werden, wie das Modell aufzubauen ist, um diese pragmatischen Qualitätskriterien zu erfüllen.

Aus der Zusammenfassung und dem Ausblick zu dieser Arbeit geht hervor, dass die Forschung im Bereich der Einführung von ML in industriellen Dienstleistungen weiter fortgeführt werden sollte. Darüber hinaus ist das Vorgehensmodell zukünftig kontinuierlich an neue Rahmenbedingungen und Erkenntnisse anzupassen. Gelingt dies, kann das Vorgehensmodell auch langfristig die erfolgreiche Einführung von ML in industriellen Dienstleistungen ermöglichen.

Literaturverzeichnis

Accenture. 2018. „REINVENTING THE SUPPLY CHAIN WITH AI: INTELLIGENT SUPPLY CHAIN." https://www.accenture.com/t20180713T095038Z__w__/us-en/_acnmedia/PDF-82/Accenture-Intelligent-Supply-Chain-Management.pdf#zoom=50.

Augenstein, Christoph, Norman Spangenberg und Bogdan Franczyk. 2017. „Applying machine learning to big data streams : An overview of challenges." In *2017 IEEE 4th International Conference on Soft Computing & Machine Intelligence (ISCMI)*, 25–29: IEEE.

Balzert, Helmut. 2008. *Softwaremanagement.* 2. Aufl. Lehrbuch der Softwaretechnik [2]. Heidelberg: Spektrum, Akad. Verl.

Bin, Simon, Patrick Westphal, Jens Lehmann und Axel Ngonga. 2017. „Implementing scalable structured machine learning for big data in the SAKE project." In *2017 IEEE International Conference on Big Data (Big Data)*, 1400–1407: IEEE.

Birgersson, Marcus, Gustav Hansson und Ulrik Franke. 2016. „Data Integration Using Machine Learning." In *2016 IEEE 20th International Enterprise Distributed Object Computing Workshop (EDOCW)*, 313–22: IEEE.

Bousqaoui, Halima, Said Achchab und Kawtar Tikito. 2017. „Machine learning applications in supply chains: An emphasis on neural network applications." In *2017 3rd International Conference of Cloud Computing Technologies and Applications (CloudTech)*, 1–7: IEEE.

Budde, Reinhard. 1992. *Proti-typing: An approach to evolutionary system development.* Berlin: Springer-Verlag.

Chio, Clarence und David Freeman. 2018. *Machine learning et security: Protecting systems with data and algorithms.* Beijing, Boston: O'Reilly.

Cipollini, Francesca, Luca Oneto, Andrea Coraddu, Alan J. Murphy und Davide Anguita. 2018. „Condition-Based Maintenance of Naval Propulsion Systems with supervised Data Analysis." *Ocean Engineering* 149:268–78.

Corsten, Hans. 2001. „Ansatzpunkte Für Ein Integratives Dienstleistungsmanagement." In *Handbuch Dienstleistungsmanagement: Von der strategischen Konzeption zur praktischen Umsetzung*, hg. v. Manfred Bruhn und Heribert Meffert. 2., überarb. und erw. Aufl, 51–72. Wiesbaden: Gabler.

Dix, Marcel, Lennart Merkert, Zied Ouertani, Markus Aleksy und Reinhard Bauer. 2015. „Simulation and Re-engineering of Industrial Services: A Case Study from an Industrial Equipment Manufacturer." In *2015 10th International Conference on P2P, Parallel, Grid, Cloud and Internet Computing (3PGCIC)*, 484–89: IEEE.

Dyck, Jeff. 2018. „Machine learning for engineering." In *2018 23rd Asia and South Pacific Design Automation Conference (ASP-DAC)*, 422–27: IEEE.

Engelhardt, Werner H., Michael Kleinaltenkamp und Martin Reckenfelderbäumer. 1993. „Leistungsbündel als Ansatzobjekte: Ein Ansatz zur Überwindung der Dichotomie von Sach- und Dienstleistungen." *Zeitschrift für betriebswirtschaftliche Forschung* 45 (5): 395–426.

Engelhardt, Werner H. und Wilfried Schwab. 1982. „Die Beschaffung von investiven Dienstleistungen." *Die Betriebswirtschaft* 42 (4): 503–13.

Fayyad, Usama, Gregory Piatetsky-Shapiro und Padhraic Smyth. 1996. „From Data Mining to Knowledge Discovery in Databases." *AI Magazine* 17 (3): 37–54.

Freitag, Mike. 2013. „Requirements for a Service Lifecycle Management." 33–40. doi:10.13140/2.1.4235.8087.

Gartner. 2017. „Six Pitfalls to Avoid When Planning Data Science and Machine Learning Projects." Zugriff: 26. Mai 2018. https://www.gartner.com/doc/3834463/pitfalls-avoid-planning-data-science.

Gudivada, Venkat N., Amy Apony und Junhua Ding. 2017. „Data Quality Considerations for Big Data and Machine Learning: Going Beyond Data Cleaning and Transformations." *International Journal on Advances in Software* 10 (1): 1–20.

Haller, Sabine. 2010. *Dienstleistungsmanagement: Grundlagen - Konzepte - Instrumente.* 4., aktualisierte Aufl. Gabler Lehrbuch. Wiesbaden: Gabler. http://www.socialnet.de/rezensionen/isbn.php?isbn=978-3-8349-1531-3.

Harvard Business Review. 2016. „How Companies Are Using Machine Learning to Get Faster and More Efficient." Zugriff: 26. Mai 2018. https://hbr.org/2016/05/how-companies-are-using-machine-learning-to-get-faster-and-more-efficient.

Hashemian, H. M. und Wendell C. Bean. 2011. „State-of-the-Art Predictive Maintenance Techniques*." *IEEE Trans. Instrum. Meas.* 60 (10): 3480–92. doi:10.1109/TIM.2009.2036347.

Heinrich, Lutz J., Friedrich Roithmayr und Armin Heinzl. 2004. *Wirtschaftsinformatik-Lexikon: Mit etwa 4000 Stichwörtern und 3700 Verweisstichwörtern, einem Anhang deutsch-, englisch- und französischsprachiger Abkürzungen und Akronyme, einschlägiger Fachzeitschriften, Lehr- und Forschungseinrichtungen, Verbände und Vereinigungen sowie einem englischsprachigen und einem deutschsprachigen Index.* 7., vollst. überarb. u. erw. Aufl. München, Wien: Oldenbourg.

Hilke, Wolfgang. 1991. *Dienstleistungs-Marketing: Banken und Versicherungen, freie Berufe, Handel und Transport, nicht-erwerbswirtschaftlich orientierte Organisationen.* Schriften zur Unternehmensführung 35. Wiesbaden: Gabler.

Homburg, Christian und Bernd Garbe. 1996. „Industrielle Dienstleistungen: Bestandsaufnahme und Entwicklungsrichtungen." *Zeitschrift für Betriebswirtschaft : ZfB* 66 (3): 253–82.

Huimin, Tan, Tian Yezhuang und Yang Yang. 2011. „Shifting from manufacturing to service in engineering and assembly industries." In *ICSSSM11*, 1–5: IEEE.

Jardine, Andrew K.S., Daming Lin und Dragan Banjevic. 2006. „A review on machinery diagnostics and prognostics implementing condition-based maintenance." *Mechanical Systems and Signal Processing* 20 (7): 1483–1510. doi:10.1016/j.ymssp.2005.09.012.

Kail, Robert V. und James W. Pellegrino. 1989. *Menschliche Intelligenz: Die drei Ansaetze der Psychologie.* 2., Aufl. Heidelberg: Spektrum.

Kampker, Achim, Kai Kreisköther, Max K. Büning, Tom Möller und Max Busch. 2018. „Vorausschauende Instandhaltung durch Maschinelles Lernen in der Prozessindustrie." *ZWF* 113 (4): 195–98. doi:10.3139/104.111890.

Känel, Siegfried von. 2018. *Betriebswirtschaftslehre: Eine Einführung.* Wiesbaden: Springer Gabler.

Khan, Nawsher, Ibrar Yaqoob, Ibrahim A. T. Hashem, Zakira Inayat, Waleed K. M. Ali, Muhammad Alam, Muhammad Shiraz und Abdullah Gani. 2014. „Big Data: Survey, Technologies, Opportunities, and Challenges." *TheScientificWorldJournal* 2014:1–18.

Kiebach, A., H. Lichter, M. Schneider-Hufschmidt und H. Züllighoven. 1992. „Prototyping in industriellen Software-Projekten: Erfahrungen und Analysen." *Informatik Spektrum* 15 (2): 65–77.

Kleinaltenkamp, Michael. 2001. „Begriffsabgrenzungen Und Erscheinungsformen Von Dienstleistungen." In Bruhn und Meffert, *Handbuch Dienstleistungsmanagement*, 27–50.

Kotu, Vijay und Balachandre Deshpande. 2015. *Predictive analytics and data mining: Concepts and practice with RapidMiner*. Waltham, MA: Morgan Kaufmann.

Krishnamurthy, Lakshman, Robert Adler, Phil Buonadonna, Jasmeet Chhabra, Mick Flanigan, Nandakishore Kushalnagar, Lama Nachman und Mark Yarvis. 2005. „Design and deployment of industrial sensor networks." In *Proceedings of the 3rd international conference on Embedded networked sensor systems - SenSys '05*, hg. v. Jason Redi, Hari Balakrishnan und Feng Zhao, 64. New York, New York, USA: ACM Press.

Lämmel, Uwe und Jürgen Cleve. 2012. *Künstliche Intelligenz: Mit ...51 Tabellen, 43 Beispielen, 118 Aufgaben, 89 Kontrollfragen und Referatsthemen*. 4., aktualisierte Aufl. München: Hanser.

L'Heureux, Alexandra, Katarina Grolinger, Hany F. Elyamany und Miriam A. M. Capretz. 2017. „Machine Learning With Big Data: Challenges and Approaches." *IEEE Access* 5:7776–97.

Li, Hongfei, Dhaivat Parikh, Qing He, Buyue Qian, Zhiguo Li, Dongping Fang und Arun Hampapur. 2014. „Improving rail network velocity: A machine learning approach to predictive maintenance." *Transportation Research Part C: Emerging Technologies* 45:17–26.

Lindland, O. I., G. Sindre und A. Solvberg. 1994. „Understanding quality in conceptual modeling." *IEEE Softw.* 11 (2): 42–49. doi:10.1109/52.268955.

Luan, Linlin und Huaying Shu. 2016. „Integration of data mining techniques to evaluate promotion for mobile customers' data traffic in data plan." In *2016 13th International Conference on Service Systems and Service Management (ICSSSM)*, 1–6: IEEE.

Luczak, Holger, Volker Liestmann, Katrin Winkelmann, Forschungsinstitut für Rationalisierung (FIR), RWTH Aachen, Christian Gill und Schweinfurt SKF GmbH. 2006. „Service Engineering industrieller Dienstleistungen." In *Service engineering: Entwicklung und Gestaltung innovativer Dienstleistungen ; mit 24 Tabellen*, hg. v. Hans-Jörg Bullinger. 2., vollst. überarb. und erw. Aufl., 443–62. Berlin, Heidelberg, New York: Springer.

Maleri, Rudolf und Ursula Frietzsche. 2008. *Grundlagen der Dienstleistungspro-duktion.* 5., vollst. überarb. Aufl. Springer-Lehrbuch. Berlin: Springer.

Marquardt, Kai. 2003. „Vorgehensmodell Zur Durchführung Von IT-Projekten Unter Expliziter Einbeziehung Der Kundensicht." In *Wirtschaftsinformatik 2003: Medien - Märkte - Mobilität,* hg. v. Wolfgang Uhr, Werner Esswein, Eric Schoop und Internationale T. Wirtschaftsinformatik, 921–46. Heidelberg: Physica-Verlag.

McKinsey. 2017. „Smartening up with Artificial Intelligence (AI) - What's in it for Germany and its Industrial Sector?". Zugriff: 26. Mai 2018. https://www.mckinsey.de/files/170419_mckinsey_ki_final_m.pdf.

Meffert, Heribert und Manfred Bruhn. 2009. *Dienstleistungsmarketing: Grundla-gen - Konzepte - Methoden.* 6., vollst. neubearb. Aufl. Meffert-Marketing-Edition. Wiesbaden: Gabler.

Mitchell, Tom M. 1997. *Machine Learning.* McGraw-Hill series in computer sci-ence. Boston: McGraw-Hill.

———. 1999. „Machine learning and data mining." *Commun. ACM* 42 (11): 30–36. doi:10.1145/319382.319388.

Mobley, R. K. 2002. *An introduction to predictive maintenance.* 2nd ed. Amster-dam: Butterworth-Heinemann.

Mushiri, T., R. Hungwe und C. Mbohwa. 2017. „An artificial intelligence based model for implementation in the petroleum storage industry to optimize maintenance." In *2017 IEEE International Conference on Industrial Engineer-ing and Engineering Management (IEEM),* 1485–89: IEEE.

Nalic, Jasmina und Amar Svraka. 2018. „Using data mining approaches to build credit scoring model: Case study — Implementation of credit scoring model in microfinance institution." In *2018 17th International Symposium INFOTEH-JAHORINA (INFOTEH),* 1–5: IEEE.

Naumann, Felix. 2007. „Datenqualität." *Informatik Spektrum* 30 (1): 27–31. doi:10.1007/s00287-006-0125-5.

Nienke, Steffen, Hendrik Frölian, Violett Zeller und Günther Schuh. 2017. „Ener-gy-Management 4.0: Roadmap towards the SelfOptimising Production of the Future." In *Proceedings of the 6th International Conference on Informatics, Environment, Energy and Applications - IEEA '17,* 6–10. New York, New York, USA: ACM Press.

Nilsson, Nils J. 2003. *Artificial intelligence: A new synthesis.* 5th print. San Francisco, Calif. Kaufmann.

Oussous, Ahmed, Fatima-Zahra Benjelloun, Ayoub Ait Lahcen und Samir Belfkih. 2018. „Big Data technologies: A survey." *Journal of King Saud University - Computer and Information Sciences* 30 (4): 431–48. doi:10.1016/j.jksuci.2017.06.001.

Pezzotta, Giuditta, Roberto Pinto, Fabiana Pirola und Mohamed-Zied Ouertani. 2014. „Balancing Product-service Provider's Performance and Customer's Value: The SErvice Engineering Methodology (SEEM)." *Procedia CIRP* 16:50–55.

Plastino, Eduardo und Mark Purdy. 2018. „Game changing value from Artificial Intelligence: eight strategies." *Strategy & Leadership* 46 (1): 16–22. doi:10.1108/SL-11-2017-0106.

Poels, Geert, Ann Maes, Frederik Gailly und Roland Paemeleire. 2005. „Measuring the Perceived Semantic Quality of Information Models." In *Perspectives in Conceptual Modeling.* Bd. 3770, hg. v. David Hutchison, Takeo Kanade, Josef Kittler, Jon M. Kleinberg, Friedemann Mattern, John C. Mitchell, Moni Naor et al., 376–85. Lecture Notes in Computer Science. Berlin, Heidelberg: Springer Berlin Heidelberg.

Rahm, Erhard und Hong-Hai Do. 2000. „Data Cleaning: Problems and Current Approaches." In *IEEE Bulletin of the Technical Committee on Data Engineering*, 1–11: IEEE.

Rich, Elaine. 1988. *Artificial intelligence.* 7. print. McGraw-Hill series in artificial intelligence. Auckland [u.a.]: McGraw-Hill.

Rondini, Alice, Fabiana Pirola, Giuditta Pezzotta, Mohamed-Zied Ouertani und Roberto Pinto. 2015. „SErvice Engineering Methodology in Practice: A Case Study from Power and Automation Technologies." *Procedia CIRP* 30:215–20.

Ruchi, S. und Pravin Srinath. 2018. „Big Data Platform for Enterprise project management digitization using Machine learning." In *2018 Second International Conference on Electronics, Communication and Aerospace Technology (ICECA)*, 1479–84: IEEE.

Russell, Stuart und Peter Norvig. 2012. *Künstliche Intelligenz.* 3rd ed. Pearson Deutschland GmbH.

Schwarze, Jochen. 2000. *Einführung in die Wirtschaftsinformatik.* 5., völlig überarb. Aufl. NWB-Studienbücher Wirtschaftsinformatik. Herne, Berlin: Verl. Neue Wirtschafts-Briefe.

Schweitzer, Marcell. 1994. *Industriebetriebslehre: Das Wirtschaften in Industrieunternehmungen.* 2., völlig überarb. und erw. Aufl. Vahlens Handbücher der Wirtschafts- und Sozialwissenschaften. München: Vahlen.

Shanks, Graeme, Elizabeth Tansley und Ron Weber. 2003. „Using ontology to validate conceptual models." *Communications of the ACM* 46 (10): 85–89. doi:10.1145/944217.944244.

Shearer, Colin. 2000. „The CRISP-DM Model: The new blueprint for data mining." *Journal of Data Warehousing* 5 (4): 13–22.

Simmons, A. B. und S. G. Chappell. 1988. „Artificial intelligence-definition and practice." *IEEE J. Oceanic Eng.* 13 (2): 14–42. doi:10.1109/48.551.

Sivarajah, Uthayasankar, Muhammad M. Kamal, Zahir Irani und Vishanth Weerakkody. 2017. „Critical analysis of Big Data challenges and analytical methods." *Journal of Business Research* 70:263–86.

Stahlknecht, Peter und Ulrich Hasenkamp. 2005. *Einführung in die Wirtschaftsinformatik.* 11., vollst. überarb. Aufl., 185. - 200. Tsd. Springer-Lehrbuch. Berlin: Springer.

Storch, Arian, Ralf Laue und Volker Gruhn. 2017. „Measuring and visualising the quality of models." In *2013 IEEE 1st International Workshop on Communicating Business Process and Software Models Quality, Understandability, and Maintainability (CPSM)*, 1–8: IEEE.

Suhardi, Novianto B. Kurniawan, Jaka Sembiring und Purnomo Yustianto. 2017. „Service systems engineering framework based on combining service engineering and systems engineering methodologies." In *2017 International Conference on Research and Innovation in Information Systems (ICRIIS)*, 1–6: IEEE.

Torney, M., K. Kuntzky und C. Herrmann. 2009. „Service Development and Implementation - A Review of the State of the Art." In *Industrial product-service systems (IPS2): Proceedings of the 1st CIR IPS2 Conference*, hg. v. R. Roy und Essam Shehab, 24–31. Bedford: Cranfield University.

Wang, Richard Y. und Diane M. Strong. 1996. „Beyond Accuracy: What Data Quality Means to Data Consumers." *Journal of Management Information Systems* 12 (4): 5–33. doi:10.1080/07421222.1996.11518099.

Westhoff, Hermann. 1985. „Was heisst Intelligenz?". In *Der Intelligenzbegriff in den verschiedenen Wissenschaften*, hg. v. Werner Strombach, 33–40. Schriftenreihe der Österreichischen Computer-Gesellschaft Bd. 28. Wien, München: Oldenbourg.

White, Martin. 2012. „Digital workplaces." *Business Information Review* 29 (4): 205–14. doi:10.1177/0266382112470412.

Winston, Patrick H. 1992. *Artificial intelligence*. 3rd ed. Reading, MA: Addison-Wesley.

Witten, Ian H., Eibe Frank, Mark A. Hall und Christopher J. Pal. 2017. *Data Mining: Practical Machine Learning Tools and Techniques, Fourth Edition*. Fourth Edition. [Place of publication not identified]: Elsevier Science and Technology Books, Inc.

Zeithaml, Valarie A., Mary J. Bitner und Dwayne D. Gremler. 2006. *Services Marketing: Integrating Customer Focus Across the Firm*. 4. ed. Boston, Mass: McGraw-Hill/Irwin. http://www.loc.gov/catdir/enhancements/fy0619/2004065642-d.html.